JN026634

消費者行動論

CONSUMER BEHAVIOR THEORY

モノからコト・トキ消費へ

金 成洙●著

Kim Sungsu

はしがき

　今日，「消費」や「消費者行動」という言葉が，様々な場面で使用されている。とくに我々の主要な関心事の1つである，「消費の流れ」が大きく変わる兆しが見えてきたという記事がある。具体的には，「モノ消費（所有欲）」から「コト消費（体験欲）」へ，さらに令和を迎え，消費の流れは平成の消費である「コト消費」から二度とない「トキ消費（今だけ，ここだけ）」へ波動の転換点（例えば，「第7章の消費者行動とサービス・ドミナント・ロジック」と「第8章の消費者行動と文化—韓流の事例」を参照）に立っているということである（日経MJ，2019年7月5日）。

　こうした消費者のニーズと行動に関するアプローチや研究は，マーケティングと密接にかかわっており，実際に消費者行動研究はマーケティングからの影響を受けて発展・展開してきている。

　周知のように，マーケティング（marketing）がアメリカで生まれてからもはや1世紀が過ぎている。その間，マーケティングに関する研究は様々な側面から行われているが，こうした研究の中，注目を浴びる研究の1つに第2次大戦後のマーケティング・マネジメント論がある。その後，マーケティングの一環として，消費者行動に関する研究が行われてきたが，他の学問分野である経済学，心理学，社会学，文化人類学などからもそれぞれの立場からの消費に関する概念や消費者行動研究が行われている。とりわけ，人文社会系の学問では「消費者行動」が中心テーマの1つである。その理由は，人間が生きていく上において，消費または消費者行動の側面が極めて重要であるということを諸学問が認識しているからである。

　上記の諸学問以外に，消費者が生活するうえで欠かせない「サービス」とか「グローバル」といった部門は，極めて重要で「消費」や「消費者行動」を説明する際に無くてはならない分野である。まず「サービス」において，例えば，就業者の72.6%（2015）が第3次産業（サービス業）によって生み出されており，他の産業と比べ極めて高い割合を占めている。今後も消費者のサービスへの関心はますます拡大され，さらなるサービス・マーケティングの重

要性が認知されるようになるだろう。また「グローバル」は，国内外の消費者が使用している多くの商品は他国で製造されており，生鮮3品（魚・肉・野菜）でさえ他国で生産されたものを食べている。こうしたことから，世界各国ではほとんどすべての分野においてグローバル化が活発に進み，今まさにグローバル・マーケティングの重要性が高まっている。

　しかしながら，これまでの消費者行動論の基本書や専門書には上記の両部門を取り入れた書籍は皆無であるといえる。

　本書の特徴は，このような問題意識のもとで執筆されたものであり，「消費」や「消費者行動」を幅広い視点で理解するところにある。

　本書では，今改めて消費または消費者行動とは何か，如何なる学問的性格を有しているのか，原点に立ち返って考えることにしたい。単に「消費」や「消費者行動」における現象面のみを追うのではなく，その基本原理や中心となる柱（サービスやグローバル視点を含む）を求める必要がある。このような問題意識のもと，これから消費者行動やマーケティングを学ぼうとする学部生と大学院生にとって理解しやすいように，消費者行動論の理論と分析フレームワークを，できるだけ体系的に理解できるように編まれたものである。また，マーケティングにかかわる実務家の方々に対しても，いろいろなヒントや新たな視点を得るための手引書として援用していただければ幸いである。

　上記のような目的で書かれた本書は，第Ⅰ部「基礎編」と第Ⅱ部「応用理論編」，そして第Ⅲ部「事例編」の3部から構成されている。まず第Ⅰ部「基礎編」は，第1章から第3章までの3つの章から成っている。第1章「消費者行動とマーケティング・マネジメント・プロセスとは」では，まず消費，消費者，消費者行動のそれぞれの定義を紹介しながら，消費者行動の分類を明確にしている。また，マーケティング・マネジメント・プロセスでは，企業を取り巻くマーケティング環境の分析（SWOT分析）とマーケティング戦略（セグメンテーション，ターゲティング，ポジショニング），そして対象市場に適合したマーケティング・ミックス（4P）からなる戦略を策定するというプロセスを中心に検討している。

　第2章「消費者行動研究」では，さまざまな研究領域から消費者行動をそ

れぞれ説明し，とりわけ，心理学という視点から消費者行動の理論とモデルを概観している。次の消費者行動プロセスでは，調査目標の設定，二次資料の収集，一次調査のデザイン，定性調査と定量調査の融合，資料分析と調査結果の報告，といった5段階に分けてそれぞれの特徴を中心に検討している。

第3章「消費者の購買意思決定プロセス」では，「購買前行動」，「購買時行動」，「購買後行動」という3つに大きく分類し，概観している。とりわけ，「購買前行動」では，ニーズとウォンツと需要の相違点を明確にし，消費者が利用可能である代表的な5種類の情報源を紹介している。「購買時行動」では，事例を取り上げながら代替案評価について論じ，時代とともに変化するいくつかの消費者の購買意思決定モデルを紹介している。「購買後行動」では，消費者の購買後行動プロセスを中心に検討している。

第Ⅱ部「応用理論編」は，第4章から第7章までの4つの章から成っている。第4章「消費者行動と認知」では，認知の重要性を明らかにした上で，消費者情報処理プロセスの仕組みを明確にしている。そして，消費者の情報処理のなかで何がどのように変化すれば，消費者は自社の製品やサービスを選択するだろうか，という問いに対して，消費者の記憶，知識，学習という視点を取り上げて解明している。この章の最後には，認知学習理論と行動学習理論との相違点の比較を通して，認知学習理論の特徴を明らかにしている。

第5章「消費者行動と態度」では，まず態度とは何か，どのように形成されるのか，そして消費者行動での態度の役割を明確にしている。次に態度の3つの構成要素をとりあげ，状況次第で最初に来る要素が変わり，それにより態度が形成されるという「階層効果モデル」を示している。消費者の態度を変えるための戦略として，多属性態度モデルを用いて明らかにした上で，消費者の態度を変容させるための代表的な「精緻化見込みモデル」，「認知的不協和理論」，「バランス理論」を紹介している。

第6章「消費者行動と関与」では，関与の重要性と多くの研究者が取り上げた様々な関与概念の中で，より多く注目されている7つの概念を取り上げて検討を加えている。関与による高関与と低関与の意思決定をはじめ，購買意思決定の分類と購買意思決定プロセスの分類について検討している。そして関与と購買意思決定との関係が示されている。

第7章 「消費者行動とサービス・ドミナント・ロジック」では，サービスの必要性や重要性，そして消費者需要の変化を理解してもらうために，サービスの概念，特性，そしてペティ・クラーク法則を取り上げて明らかにしている。サービス企業にとって極めて重要である，顧客満足，サービス品質，サービス・マーケティングの基本フレームワーク，サービス・マーケティング・ミックスのフレームワークを紹介しながら，サービスの今後の課題や展望として，企業と消費者との価値共創がどうあるべきかをサービス・ドミナント・ロジックを通して検討している。

　第Ⅲ部「事例編」は，第8章と第9章の2つの章から成っている。第8章「消費者行動と文化」では，消費の文化的意味を理解してもらうために，文化，文化的な価値観をベースに検討した上で，事例として韓流を取り上げ，韓流ブーム（第1次，第2次，第3次）の特徴と，第1次と第2次韓流ブーム後に，日本でそのブームが衰退した理由を明らかにしている。とくに，韓流の成功要因をグローバル企業が海外市場への進出を考える際に必ず直面する問題である，標準化─現地適応化戦略を用いて分析している。

　第9章「消費者行動とグローバリゼーション」では，世界で最も売上が大きいグローバル企業である，ウォルマートはなぜ消費者に愛されているのかを理解してもらうために，ウォルマートの企業文化をはじめ，成長戦略，業態動向について明らかにしている。とりわけ，ウォルマートの海外進出先として，日中韓を取り上げ，ウォルマートの参入動向とその光と影の理由を，日中韓の経済発展段階と標準化─現地適応化問題とを関連づけて分析している。

　本書は，以上のように消費者行動論の基礎知識から応用理論，さらに事例の領域までを包括的に取り扱っている。各章の始まりのところに，「学習の要点」と「キーワード」を提示しており，各章の中には「コラム」を設けて各章の論点に関連した話題や新しい消費者の動向などを取り上げている。各章の終わりにはその章の復習や内容の理解力を高めるために「演習問題」を用意している。また本書全体の最後のところには，さらなる研究のために「参考文献」を掲載している。以上を通して，消費者行動論に対するさらなる関心や興味，そして問題意識を高めていただき，次の学習や研究，そしてビジ

ネスに一助となれば幸いである。

　本書の出版に際して，大勢の方々にお世話になった。まず指導教授であり恩師の専修大学名誉教授の田口冬樹先生には，大変感謝している。このテキストの執筆のきっかけになったのは，田口先生のお勧めがあったからである。田口先生のお導きがなければ，本書はこの世に生まれなかったものである。この場をお借りしてお礼を申し上げたい。

　また，専修大学経営学部・商学部の消費者行動論やマーケティング担当の先生方には様々な形でご支援をいただいており，感謝を申し上げたい。そして「日本地域ビジネス学会（旧日本商店街学会）」や「北方マーケティング研究会」の皆様には研究面で多くの刺激をいただきお礼を申し上げたい。『わかりやすい消費者行動論』（白桃書房）の共同執筆者である，北海道大学名誉教授の黒田重雄先生，酪農学園大学名誉教授の加藤敏文先生，北海道情報大学准教授の遠藤雄一先生には公私にわたる様々なアドバイスはもとより，北海道での「日本商業学会」で初めてお会いしたときから現在の「北方マーケティング研究会」に至るまで，変わらずずっと温かく迎えてくださり，心から感謝の気持ちでいっぱいである。改めてお礼を申し上げたい。さらに流通論研究会のメンバーである，専修大学経営学部教授の目黒良門先生をはじめ，弟弟子である，石巻専修大学教授の李動勲先生，拓殖大学准教授の中嶋嘉孝先生，中国厦門理工学院准教授の楊陽先生，そして私の教え子で初めて大学の先生になった中国金陵科技学院講師の陳浩博先生からは，研究面でも多くの刺激を受けることができ改めて厚くお礼を申し上げたい。

　金ゼミナールの卒業生や現役のゼミ生からは，ゼミでの活発なディスカッションや斬新なアイデアの提案などを通して，色々な面で刺激をもらい，本テキスト執筆の原動力となったことに感謝の意を表したい。

　さらには，白桃書房取締役社長大矢栄一郎氏にはひとかたならずお世話になった。心から厚くお礼を申し上げたい。常に協力を惜しまず支えてくれる家族にもこの機会に感謝しておきたい。とくに娘には，本書の校正にも協力してもらい感謝している。

2020年　初春　相模大野にて

金　成洙

【目次】

第Ⅰ部　基礎編

第1章

消費者行動とマーケティング・マネジメント・プロセスとは ……3

第2章

消費者行動研究 ……29

第3章

消費者の購買意思決定プロセス ⋯⋯ 55

第Ⅱ部　応用理論編

第4章

消費者行動と認知的行動 ‥‥‥79

第Ⅲ部　事例編

第8章

消費者行動と文化 —韓流の事例— ········ 177

第I部

基礎編

第 **1** 章 消費者行動とマーケティング・マネジメント・プロセスとは

学習の要点

①消費とは何か，消費者はどういう人なのかを理解する。

②消費者行動の領域について理解を深める。

③マーケティング・マネジメント・プロセスと戦略策定を学習する。

④市場細分化（S），標的市場の選定（T），そしてポジショニング（P）の関連を理解し，最適な標的市場を選定する方法を学習する。

⑤STP が決まったら，次は，対象市場に適合したマーケティング手段の組み合わせ，いわゆるマーケティング・ミックスの活用を理解する。

キーワード

- ・消費と消費者行動
- ・消費行動と購買行動
- ・SWOT分析
- ・クロス SWOT分析
- ・STP
- ・4P

1 消費と消費者行動とは

1 消費とは

　社会経済活動のなかで，消費は，経済活動の3大セクターの1つであり，生産→流通→消費という流れを形成している。すなわち，消費は生産と流通と共に社会全体の経済活動の中で極めて重要な役割を果たしている。

　そこで消費という言葉を調べてみよう。広辞苑（2018）によると，消費とは，「①費やしてなくすること。つかいつくすこと。費消。②（経）（consumption）欲望の直接・間接の充足のために財やサービスを消耗する行為。生産と表裏の関係をなす経済現象」，と指摘している。[1]

　一般的に消費者行動論での消費の捉え方は，後者の意味で使われている。すなわち消費は，「人々のニーズやウォンツを満たすために商品やサービスを購入，使用，処分するプロセス」である。

　また，消費の対象を家計（世帯）の消費として捉える場合がある。この捉え方は，現代社会では，人々は個人の意思だけで自由に行動することはゆるされず，いろいろな制約やしがらみの中でしか行動できないのも事実で，人は1人では生きていけないということであり，家族の一員として生活している面が極めて強いという考え方である。すなわち，個人というより「家計」（世帯）単位で消費を捉えた方が良いという立場である。[2]

　上記のように，我々の消費は家計（世帯）のために行っているといえるが，個人のために消費をする場合もある。しかし，どの商品やサービスが個人のための消費で，どの商品やサービスが家計（世帯）のための消費なのかは明らかにされていない。すなわち，人々は時には個人のために消費をしたり，時として家計（世帯）のために消費をしたり，時折個人と家計（世帯）両方のために消費したりしている。以上のことから，本書では，消費＝個人の消費or /and家計（世帯）の消費という定義にしたい。

2　消費者とは

　上述した消費は個人や家計（世帯）が何らかのニーズやウォンツを満たすために商品やサービスを購入，使用，処分するプロセスであると捉えている。消費者とは「＝消費＋者」である。すなわち，消費者とは個人や家計（世帯）が何らかのニーズやウォンツを満たすために商品やサービスを購入し，使用，処分するひとのことを指す。

　一方，消費者は消費の目的によって2つに大別される[3]。1つは最終消費を目的に購入し，使用したり消耗したりする人を最終消費者（final consumer）と呼び，個人や家計（世帯）が該当する。もう1つは，生産や再販売を目的として部品，製品，それに機械設備などを購入する消費者を生産（産業）財消費者と呼ぶ。同じ商品でも個人や家計（世帯）の使用目的で購入されるときは最終消費者，企業の使用目的で購入されるときは生産（産業）財消費者に分類される。例えば，パソコンでも個人や家計（世帯）用に購入する消費者は最終消費者であり，ビジネスの目的のために購入する消費者は生産（産業）財消費者に分類される。一般に消費市場でのB to C（business to consumer：企業と消費者の取引）やC to C（consumer to consumer：消費者と消費者の取引）が前者で，ビジネス市場でのB to B（business to business：企業と企業の取引）やB to G（business to government：企業と政府の取引）が後者になる。

　消費者（consumer）の類似語として顧客（customer），ユーザー（user），クライアント（client：依頼人）などが挙げられる。Goo国語辞書の小学館提供の『デジタル大辞泉』を見ると[4]，まず消費者は「商品・サービスを消費する人」であり，顧客は「ひいきしてくれる客。得意客」を指し，ユーザーは「商品の使用者。利用者」であり，クライアントは，「得意先。顧客。特に広告代理店が広告主をさしていう語。また，弁護士，会計士，建築家が依頼人をさしていうこともある」としている（図表1-1参照）。以上のことから，消費者とユーザーは比較的類似しており，顧客とクライアントは極めて似ているといえよう。したがって，本書では消費者と顧客を使い分けるが，消費者はユーザーを含む概念であり，顧客はクライアントを含む概念としたい。

図表1-1　消費者，顧客，ユーザー，クライアントの意味

消費者（consumer）	商品・サービスを消費する人。
顧客（customer）	ひいきしてくれる客。得意客。
ユーザー（user）	商品の使用者。利用者。
クライアント（client）	得意先。顧客。特に広告代理店が広告主をさしていう語。また，弁護士，会計士，建築家が依頼人をさしていうこともある。

出所：Goo国語辞書（https://dictionary.goo.ne.jp/srch/　2019年3月15日にアクセス）。

3　消費者行動とは

　消費者行動について考えてみよう。

　消費者行動研究者のエンゲルら（Engel *et al.*, 1990）は，「消費者の意思決定プロセスをはじめ，製品やサービスの獲得，消費，処分に直接的に関わる諸行動」[5]であると示唆している。

　シフマンとワイゼンブリット（Schiffman & Wisenblit, 2015）は，消費者行動は「消費者が自分の欲求を満たすために商品やサービスを探索，購入，使用，評価，処分する過程の中で行う活動」[6]と述べている。

　以上のことから，消費者行動とは「消費者が自分のニーズやウォンツを満たすために商品やサービスを購入，使用，評価，処分する過程の中で行う活動」であるといえよう。

コラム1 ▶購買と購入の違いは何か。

購買（buying）とは，単に買うという行為である。

購入（purchase）とは，努力して買う行為である。

出所：黒田重雄・金成洙編著（2013）『わかりやすい消費者行動論』白桃書房，p.6.

　それでは，消費者行動の中身を詳しく検討してみよう。消費者行動の分類は，図表1-2に示されるように消費行動と購買行動という2つに大別される[7]。

図表1-2　消費者行動の分類

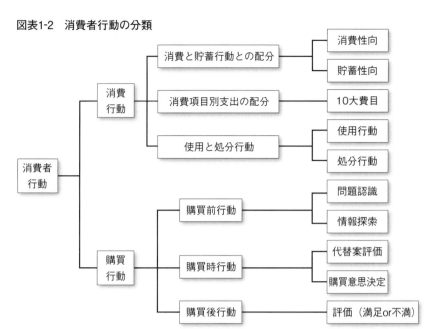

出所：青木幸弘（2010c）『消費者行動の知識』日本経済新聞出版社，pp.43-46。杉本哲夫編著（2012）
　　　『新・消費者理解のための心理学』福村出版，pp.13-14。黒田重雄・金成洙編著（2013）『わ
　　　かりやすい消費者行動論』白桃書房，pp.26-27を参考に作成。

(1)　消費行動（経済的側面に注目）

　我々は生きていくために働いている。働いて報酬を得て生活に必要な商品や
サービスを購入している。そして働いて得た報酬から未来の消費のために貯
蓄をしている。消費行動では人々の収入（所得）は消費と貯蓄に配分（消費
性向と貯蓄性向）される。さらに消費支出は消費項目別支出に配分（10大費
目）されるが，この10大費目の内訳は，食料費，住居費，光熱・水道費，家
具・家事用品費，被服及び履物費，保健医療費，交通・通信費，教育費，教
養娯楽費，その他の消費支出費である。

コラム2 ▶ 消費構造の変化（2011年～2017年）

　図表1-3は，2011年から2017年にいたるまでの7年間の消費支出（10大費目）を示している。なお，2017年の世帯平均で見ると，世帯人員が2.66人，有業人員が1.52人，世帯主の年齢が47.1となっている。

　2017年平均の消費支出は271,136円と，2011年に比べ4,863円減少したが，10大費目の中で，2011年に比べて増加した費目を見ると食料，家具・家事用品，保健医療，交通・通信である。これは食料品の値上げや家具・家事用品のなか，一般家具，家事雑貨，家事用消耗品が実質増加となった。また，公的年金保険料と健康保険料などの保険料率が引き上げられたこと，他人との触れ合いを求めること，インターネットや携帯電話・スマートフォン等の普及によって，交通・通信費が伸びていることが推測される。

図表1-3　消費支出（10大費目）の変化 （単位：円）

項目	2011年	2012年	2013年	2014年	2015年	2016年	2017年
世帯人員	2.79	2.80	2.76	2.74	2.71	2.68	2.66
有業人員	1.49	1.51	1.51	1.49	1.52	1.52	1.52
世帯主の年齢	45.6	46.2	46.2	46.4	46.9	46.6	47.1
可処分所得	380,863	383,851	380,966	381,929	381,193	376,576	382,434
黒字	104,863	107,021	100,324	101,120	104,626	108,287	111,299
消費支出	275,999	276,830	280,642	280,809	276,567	268,289	271,136
食料	61,807	62,494	63,089	63,874	66,217	65,523	65,136
住居	23,824	22,136	22,312	23,085	21,757	21,783	21,159
光熱・水道	18,445	19,059	19,508	19,651	19,150	17,233	17,671
家具・家事用品	8,790	8,725	8,591	8,878	8,913	8,916	8,884
被服及び履物	11,760	11,928	11,883	12,198	12,192	11,175	11,403
保健医療	9,354	10,036	9,835	9,745	9,472	9,505	9,926
交通・通信	41,024	43,906	45,699	46,126	43,080	41,672	42,079
教育	13,774	13,347	13,916	13,156	13,083	13,749	13,503
教養娯楽	29,117	28,033	28,409	28,044	27,486	27,497	27,034
その他の消費支出	58,104	57,167	57,399	56,051	55,218	51,237	54,342

注：①1世帯当たりの1か月間における消費支出（総世帯のうち勤労者世帯）の平均である。
　　②黒字とは，可処分所得から消費支出を差し引いた額である。
　　③黒字の内訳は財産，土地家屋借金，預貯金，保険，有価証券，その他である。
出所：総務省『家計調査』（https://www.stat.go.jp/data/kakei/sokuhou/tsuki/index.html
　　　2019年5月15日にアクセス）。

消費者行動研究の主な目的は，この10大費目がどのような要因によって行われているのかを分析することとなる。この要因として「購買前行動」，「購買時行動」，「購買後行動」など，いろいろなものが考えられる。

消費行動は，消費と貯蓄行動だけではなく，購買した商品やサービスを使用し，最終的に処分で終わる。このような商品・サービスの購買後における使用方法の意思決定を「使用行動」といい，保管や廃棄・リサイクルなどの意思決定を「処分行動」という。前者の商品やサービスの使用方法は，新しい商品やサービスの開発，あるいは改良につながる。例えば，ネスレ社のキットカットやTOTOのシャンプードレッサーなどである。近年の消費者行動研究においては消費者の「使用行動」との関連で分析の重要性が高まっている。後者の保管や廃棄・リサイクルなどについても環境・資源問題や人々の健康と安全との関連で「処理行動」に焦点を当てる研究も増加している。

(2) 購買行動（マーケティング側面に注目）

購買行動は，消費者が購買に関連する製品カテゴリー，ブランド，店舗（リアル店舗かバーチャル店舗か），立地場所（距離，時間，手間など），どの場所から購入（小売店舗の選択：業種かどの業態かのレベルでの利便性），支払い方法などが実際にどのような状況や要因によって選ばれているのかを分析し，考察する。例えば，商品やブランド選択，店舗選択，購買数量・頻度決定などである。このような購買行動は，意思決定の視点から購買前行動，購買時行動，購買後行動という3つに大きく分類される。

①購買前行動

購買前行動は，「問題認識」と「情報探索」に分けられる。前者は「理想の事柄」と「現実の事柄」との間に隔たりが存在することで，その隔たりが解決されるべき問題であると認識することである。私たちは毎日のように理想と現実の違いに悩みながら生きている。自分の目の当たりにしていることが現実であり，自分の思い描いたことが理想である。例えば，「現実の事柄」として住むための住居，お腹が空いた，喉が渇いたなどを感じた消費者は，「理想の事柄」としてのマイホームの購入，満腹，喉を潤すなどである。後者は，購入しようとする商品やサービスにおいて，どのような

商品やブランドがあり，各々はどのような特性を有しているのか，いくら
で購入できるのか，などを調べることである。情報探索にはこれまでの記
憶内の経験や知識などを探索する「内部探索」とWebサイトやオピニオン
リーダー，そして専門雑誌などを探索する「外部探索」に分けられる。

②購買時行動

　購買時行動は，「代替案評価」と「購買意思決定（選択と購入）」に分けられ
る。前者は，消費者が情報探索（内部情報と外部情報）によって得た様々
な情報をベースに自分のこれまでの経験や知識と照らし合わせて代替案と
して商品を比較，評価することである。例えば，レストランというサービ
スカテゴリーで考えてみれば，消費者のニーズやウォンツ，目標と購買動
機と結びついたサービス品質として，味，利便性，信頼性，店のスタッフ，
店の外観や雰囲気などが考えられる。消費者はあるサービスを評価する場
合，そのサービスのある1つの属性だけでなく複数の属性に着目している。
複数の属性（多属性）に対する評価を統合したものがそのサービスに対す
る全体的態度になる。これが評価基準の1つである多属性態度モデルであ
る。詳しい説明は後述する（第5章2参照）。後者は，消費者が代替案評価
で形成した商品やサービスに対する態度に従って特定の商品やサービスを
意思決定（選択と購入）することである。

③購買後行動

　購買後行動は，消費者が購買意思決定（選択と購入）した商品やサービスを
使用することにより，評価し，代金に見合った満足を得たり，不満を抱いた
りすることである。評価基準は，商品やサービスに対する顧客の購入前の期
待と，購買後の知覚される評価（客観的評価）との相対によって，顧客満足
の水準が決まるというわけである。すなわち，顧客満足度は顧客があるもの
を受けてから評価するものであり，顧客が購入前に抱く期待の大きさと購入
後の売り手の成果（客観的評価）との相対によって決まる。換言すれば，満
足度は顧客の購入前の期待と購入後の知覚される成果によって判断されるの
である。こうした観点に立つと，顧客に焦点を合わせた満足に対する評価基
準は，購入前の期待と購入後の知覚される成果（あるいは結果）という2つ
の尺度で表すことができる。すなわち，顧客が購入する前の期待に比べ成果

がより大きければ大きいほど，あるいは等しければ顧客が満足を得ることができるということである（図表1-4参照）。評価によって次回の購入機会は影響を受けることになる。

コラム３▶モノからコト・トキ消費へ

昨今，「消費」や「消費者行動」という言葉が，様々な場面で使用されている。とくに我々の主要な関心事の１つである，「消費の流れ」が大きく変わりつつある。

我々のニーズやウォンツは，時代の変化に伴って，モノ消費からコト消費，さらにトキ消費へと変化を示している。

まずモノ消費とは，人より新しいモノ（商品），珍しいモノを所有することによって価値を見出す消費行動のことをいう。例えば，日本では，1950年代後半から３種類の耐久消費財である，三種の神器（掃除機，冷蔵庫，洗濯機，）や，1960年半ばから新・三種の神器（カラーテレビ：Color television，クーラー：Cooler，乗用車：Carの「3C」とも呼ばれる），から，近年は限定品やブランド品などのようなモノの「所有価値（ownership value）」を重視してきた。

次いで，コト消費は，1990年代頃から認知した消費傾向である。この消費は，モノの所有では得られない，人より新しいコトや珍しいコトの体験を通して価値を見出す消費行動のことを指す。例えば，ホテルの宿泊，ヨガやスノーボードの体験，着物体験などのような「体験価値（experience value）」を重視している消費動向である。

最後に，トキ消費は，2010年代頃から認知した消費傾向である。この消費は，モノの所有や何度も体験できる消費では満たすことのできない，二度とない今だけ，この瞬間やこの場所だけといった特定の時間しか盛り上がりを楽しめない，人と一緒に生み出すトキ（その時）に共有（参加）を通して価値を見出す消費行動である。例えば，渋谷のハロウィン，ワールドカップ観戦，クラウドファンディング（インターネットを介して不特定多数の支援者から資金を調達），BTSのファンミーティングなどのようなトキの「参加価値（participation value）」を重視している消費動向である。

出所：「モノ，コトに続く潮流，「トキ消費」はどうなっていくのか」https://www.hakuhodo.co.jp/magazine/85508/（博報堂のウェブサイト）/2022年8月22日アクセス。

2　マーケティング・マネジメント・プロセス

　消費者行動の研究は，マーケティングの研究と密接にかかわっている。消費者行動の研究成果は，さまざまな領域で応用されているが，その中でも最も活発に応用されている領域はマーケティングにほかならない。マーケティングは主として消費者の要求と行動の理解を重視しつつ，市場の動向に注意を向けているからである。消費者行動についてより理解を深めるためには，マーケティングを理解することが極めて有効である。そこで，以下では，マーケティング・マネジメントの展開のプロセスについて検討していこう。

　マーケティング・マネジメント・プロセスの主な流れは，図表1-5に示されている8つのステップから構成されている。このプロセスでは，まず企業における①事業のミッションを明確にし，市場と企業の現状を把握するために②外部環境の分析と，③内部環境の分析，④目標の設定や，⑤戦略の策定，それを具体的に実行するための，⑥プログラムの作成，⑦実行，さらにその結果を追跡し，⑧上記の①〜⑦と成果との間に生じるズレの改善や調整を遂行することが求められる（フィードバックとコントロール）。

　そこで環境の分析と戦略の策定とに焦点を当てて詳しく検討してみよう。環境の把握と戦略の策定は次のようなステップを踏んで進められる。①環境を分析してマーケティング機会を見極める，②市場を細分化（セグメンテーション）する，③当該市場（ターゲティング）での自社の立ち位置の明確化（ポジショニング）を行い，④そこで必要なマーケティング・ミックス（4P）を策定する。さらに⑤それらが効果的に実施され，結果の評価が行われ，目標との関係で改善やフィードバックが行われ，そして次の目標に向けて継続的な取り組みが行われる。この一連のプロセスがマーケティング・マネジメント・プロセスである[8]。

図表1-5　マーケティング・マネジメント・プロセス（ビジネス単位）

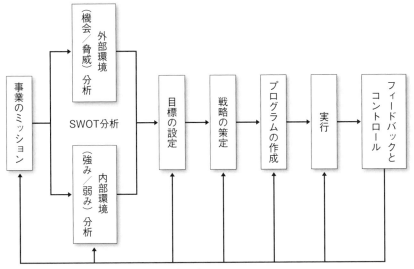

出所：Kotler, P., and Kevin Lane Keller（2016）*Marketing Management, Global Edition,* Pearson, p.70.

1　マーケティング環境の分析

　企業や組織が環境を観察する主な目的は，自社にとっての新しいマーケティング機会を見つけ，脅威を明確にすることである。多くの場合，マーケティングによって機会を見つけ，発展させ，そこから利益を上げている。マーケティング環境の分析でもSWOT分析というフレームワークがよく利用される。SWOT分析とは，強み（**s**trength），弱み（**w**eakness），機会（**o**pportunity），脅威（**t**hreat），という4つの要素の頭文字をつなげ，SWOT分析と呼ぶ。

自社の強み（**s**trength）は何か。
自社の弱み（**w**eakness）は何か。
自社の市場機会（**o**pportunity）は何か。
自社の脅威（**t**hreat）は何か。

　SWOT分析は，外部環境分析と内部環境分析に分けることができる。外部

図表1-6　SWOT分析とは

	プラス要素	マイナス要素
内部環境 （コントロール可）	S：強み 自社の強み，長所は何か。	W：弱み 自社の弱み，短所は何か。
外部環境 （コントロール不可）	O：機会 自社の市場機会は何か。	T：脅威 自社の脅威は何か。

　環境分析（市場の機会と脅威の分析）では，自らの利益を上げる能力に影響を与える主要なマクロ環境要因（人口動態，経済，政治，文化など）とミクロ環境要因（顧客のニーズやウォンツ，競合他社の戦略や業績など）を分析対象とする。この分析を通して，業界や関連産業の動向，自社のポジショニング，トレンドなどが明確になる。

　内部環境分析（自社の強みと弱みの分析）では，外部環境を理解した後，それらが影響を及ぼしている現在の社内環境がどのような状況にあるのかを把握することが肝要である。個々の企業にとっての強みと弱みという経営資源のレベルの問題が影響するからである。内部環境要因としては，経営資源（人・モノ・金・情報）をベースに，とりわけマーケティングの戦略，製品やサービスの特性，市場シェア，技術革新，社内風土，トップのリーダーシップなどが挙げられる。この要因を用いて，競合他社と比較して相対的に評価を行い，何が自社の強みなのか，または何が自社の弱みなのかを客観的に判断ができ，問題の所在と解明，そして目標指向の発展につながる。すなわち，SWOT分析は，戦略を組み立てる基礎情報をまとめるために用いられるのである。図表1-6は，SWOT分析の特徴を示している。

　上記のSWOT分析では，4つの項目（S・W・O・T）をリストアップするという量を求めているが，クロスSWOT分析は，SWOT分析で列挙された企業を取り巻く，内部環境の強み・弱み，外部環境の機会・脅威の全体的な評価を行い，それぞれの項目を掛け合わせて，具体的な手立てを講じることが期待できる。

　強み × 機会（SO戦略）：

図表1-7　クロスSWOT分析とは

外部環境 ＼ 内部環境	Opportunity（機会）	Threat（脅威）
Strength（強み）	強み×機会（SO戦略）：自社の強みによって機会を活かすビジネスは何か。	強み×脅威（ST戦略）：自社の強みによって脅威を取り除く方法は何か。
Weakness（弱み）	弱み×機会（WO戦略）：自社の弱みを改善し，機会を活かす方法は何か。	弱み×脅威（WT戦略）：自社の弱みと脅威を最小限にする方法は何か。

自社の強みによって機会を活かすビジネスは何か。

強み × 脅威（ST戦略）：

自社の強みによって脅威による影響を取り除く方法は何か。

弱み × 機会（WO戦略）：

自社の弱みを改善し，機会を活かす方法は何か。

弱み × 脅威（WT戦略）：

自社の弱みと脅威を最小限にする方法は何か。

　この分析方法によって，自社の強み（strength）を最大限に活かす機会（opportunity）を見つけ，さらに自社の弱み（weakness）をできるだけ克服し，脅威（threat）を回避するための発想や自社の競争優位性などを明確することが可能になる。図表1-7は，クロスSWOT分析の特徴を示している。

2　マーケティング戦略（STP：セグメンテーション，ターゲティング，ポジショニング）

　自社の効率的かつ効果的マーケティング戦略を展開するためには，市場全体をいくつかのニーズの似ている顧客層に区分し，区分された顧客層のうちどれだけの部分を自社のターゲットとするのかを決定し，そのターゲットにおいて他社よりも自社の価値を高く評価してもらえる独自のポジショニングを行う必要がある。そのためのフレームワークが略語でSTPと表現される，マーケティング戦略である[9]。Sはsegmentation（市場細分化），Tはtargeting

図表1-8　市場細分化の基本的な考え方

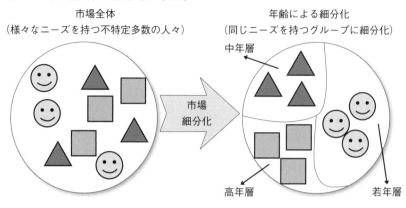

図表1-9　市場細分化の主要な変数

変数	セグメント例	具体的なフィールド例
地理的変数	地域	関東，関西など
(geographic variables)	気候	暖かい，寒いなど
人口統計的変数	年齢	若年層，中年層，高年層など
(demographic variables)	性別	男性，女性など
	所得	低所得者，高所得者など
	教育水準	中卒，高卒，大卒，大学院修了など
	職業	公務員，会社員，管理職，自営業など
	家族構成	単身，既婚など
心理的変数	ライフスタイル	アウトドア志向，スポーツ好きなど
(psychographic variables)	パーソナリティ	保守的，社交的など
行動的変数	購買頻度	ライト・ミドル・ヘビーユーザーなど
(behavioral variables)	ベネフィット	経済性，機能性，品質性など
	ロイヤルティ	なし，低・中・高など

出　所：Kotler, P. (2001) *A Framework for Marketing Management*, 1st ed., Prentice Hall, Inc.
（恩藏直人監修・月谷真紀訳（2004）『コトラーのマーケティング・マネジメント』ピアソン・
エデュケーション，pp.181-188）

（標的顧客の決定），Pはpositioning（自社の位置づけの明確化）の３つの頭文字をとった分析法のことである。

⑴　市場細分化（segmentation）

　市場細分化（セグメンテーション）とは，１つの市場においてニーズが互いに異なる消費者グループを識別し，それぞれの特徴を明確にすることであり，マーケット・セグメンテーションともいう。

　例えば，高齢者市場においては医療保険が適用される医療サービス，医療器具，医薬品などの分野の「医療・医薬産業」，介護保険が適用される在宅介護，居住系介護，介護施設などの分野の「介護産業」，日常生活にかかわる食料，家具，被服，教育・娯楽などの分野の「生活産業」という３つがあり，それぞれには高齢者の様々なニーズ「健康のまま長生きしたい」，「旅行したい」，「在宅支援を受けたい」などが入り混じっている[10]。

　市場を細分化するためには，ターゲットとなる市場をいくつかの変数から切り出すための基準が必要である。図表1-8は，市場細分化をどのように行うかの基本的な考え方であり，その一般的な変数には，地理的変数，人口統計的変数（デモグラフィック），心理的変数，行動的変数の４つがある。それらの主要な変数は，図表1-9に示してある。

①地理的変数（geographic variables）

　消費者の地域別の環境条件に焦点を当てたものである。エリア・マーケティングの際に利用される変数であり，例えば国，地域の文化，気候，都市などがこの変数に含まれる。

②人口統計的変数（demographic variables）

　消費者のデモグラフィック属性と好みが結びついた側面に焦点を当てたものである。例えば消費者の嗜好や使用頻度，年齢，性別，所得，職業，学歴，宗教，家族構成などがこの変数に含まれる。

③心理的変数（psychographic variables）

　消費者の心理的な側面に焦点を当てたものである。例えば消費者の社会階層，パーソナリティ，ライフスタイル，価値観などがこの変数に含まれる。

④行動的変数（behavioral variables）

消費者の知識，態度，購買行動や使用状況などに焦点を当てたものである。例えばベネフィット，使用頻度（ヘビーユーザーやライトユーザー）などがこの変数に含まれる。

コトラーとケラー（Kotler and Keller, 2016）は，市場細分化を有効なものにする要件として，次の5つを提起している[11]。

①測定可能性（measurable）：セグメントの規模と購買力を容易に測定することが可能かどうかということである。例えば年齢によって細分化をした場合，若年層，中年層，高年層などの特徴や購買力などを具体的に把握できるかどうかである。

②利益確保可能性（substantial）：セグメントの規模が十分な利益を獲得できるほどの大きなグループであるかどうかということである。例えば年齢による細分化をした場合，ある年齢層に向けて展開されるコストを上回る利益が得られるかどうかである。

③到達可能性（accessible）：特定したセグメントへ容易に接近可能か，セグメントに販売できる効果的ルートやチャネルなどを利用可能かどうかということである。例えば年齢によって細分化をした場合，ある年齢層の居住地，買物行動などの特定の情報とその年齢層に到達できる販売ルートが利用可能かどうかである。

④差別性（differentiable）：各セグメントに異なるマーケティング・ミックス要素とプログラムを提供する際に差別化ができるかどうかである。例えば既婚女性と未婚女性が香水販売に同様の反応をする場合，この両者は別々のセグメントに分ける必要性がなく，両者は同じセグメントに属することになる。

⑤実行可能性（actionable）：特定したセグメント向けの効果的なマーケティング活動を実際に展開できるかどうかということである。例えば年齢による細分化をした場合，ある年齢層が，自社が他社に対する競争優位性を有するものと認識するかどうかである。

図表1-10　3つのターゲティングの仕方（年齢による細分化の場合）

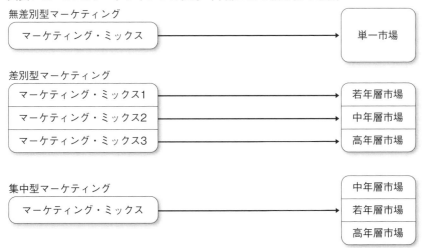

出所：Kotler, P., and Gary Armstrong (1996) *Principles of Marketing,* 7th ed., Prentice Hall, Inc., p.250をもとに作成。

　このうち，②の利益確保可能性と③の到達可能性は，売上や利益に直接的に影響を与える要件であるだけに極めて重要な条件である。

(2)　ターゲティング（targeting）

　ターゲティングとは，セグメンテーションによって切り分けられた市場を評価して，どのセグメントを自社のターゲット（標的市場）とするかを意思決定することである。ターゲットの仕方には大きく3つのタイプがある。[12]その3つのタイプは，図表1-10に示してある。

①無差別型マーケティング

　これは市場全体を単一市場として把握し，大量生産，大量販売によって規模の経済を追求し，単一の製品に同じマーケティング・ミックスを提供していく戦略である。例えばアイホン，ペットボトルの緑茶飲料などが挙げられる。

②差別型マーケティング

　これは複数のセグメントを取り上げ，それぞれの市場セグメントに対して

適したマーケティング・ミックスを提供していく戦略である。例えばトヨタの電気自動車，ハイブリッドカー，ミニバン，ワゴンなどが挙げられる。経営資源が豊富な大手企業に多く採用されている。

③集中型マーケティング

これは自社の強みから見て，1つもしくは少数の市場セグメントに注目して，その市場セグメントにマーケティング・ミックスを提供していく戦略である。例えば高級スポーツカーを提供するポルシェなどが挙げられる。高級品メーカーやベンチャー企業などに多く採用されている。

(3) ポジショニング（positioning）（自社の位置づけの明確化と差別化）

ポジショニングとは，ターゲットとする消費者の心の中に，競合他社とは異なる特別なものとして認識させるために自社の製品の特徴やイメージを明確にすることである。とりわけ重要なことは，消費者が企業の提供物をどのように評価するかという点である。企業が自社の製品にあって競合他社にはない差別化された性能，便利な機能，品質などを有していたとしても，それらが消費者の心の中で認識されなければ，企業が考えるポジショニングが消

図表1-11　標的市場（若年層）とハンバーガーショップの知覚マップ

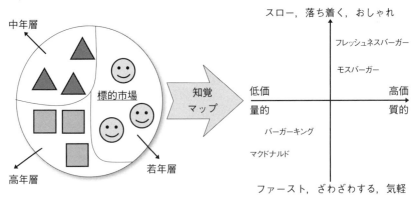

費者に正確に伝わっていないことになる。あるいは消費者は企業の提供物の情報に関心や興味がないかもしれない。いずれにしても，ポジショニングの決定は企業側の視点ではなく，消費者側の視点に立つことが重要である。

　ポジショニングを検討する際に，知覚マップ（perceptual map：パーセプション・マップ）という方法がよく利用されている。この知覚マップは，プロダクト・マップやポジショニング・マップとも呼ばれる。このマップによって自社の製品と市場で競合する製品を配置して比較検討する。競合他社との違いを決定する主要な要因を2つ以上設定し，縦軸と横軸の2軸で分割された4つの象限にそれぞれの製品の特徴を配置する。図表1-11は標的市場（若年層）と関連してハンバーガーショップを，図表1-12はビールメーカーをポジショニング・マップで描いている。

　そこで，コトラー（Kotler, 2000）はポジショニングの方法として7つを挙げている。[13]

①製品属性に基づくポジショニング

　製品の特性であり，例えばアサヒスーパードライはキレがある，サントリーザプレミアムモルツビールはコクがある。

②ベネフィットに基づくポジショニング

　製品から得られるメリットであり，例えばベンツのSクラスに乗ると爽快感，安心感がある。

③用途や目的に基づくポジショニング

　何かの用途や目的に最も適しているものであり，例えば「ヱビスめでたい缶」は，縁起が良いとされる桜鯛をパッケージに大きく描くことで，年末年始にふさわしいめでたさや縁起の良さを強調している。

④ユーザーに基づくポジショニング

　一部のユーザー集団に最も適しているものであり，例えば任天堂Wiiはターゲットユーザーをファミリー層にすることで成功している。

⑤競合他社に基づくポジショニング

　特定の競合他社よりも優れていることであり，例えばソニーのPlayStationは，個人のヘビーユーザー向け製品であるが，任天堂Wiiは家族向けの製品である。

図表1-12　ビールメーカーの知覚マップ

出所：Mothersbaugh, David L., and Del I. Hawkins（2016）*Consumer Behavior: Building Marketing Strategy,* 13th ed., McGraw Hill, p.560をもとに作成。

⑥製品カテゴリーに基づくポジショニング

　製品カテゴリーを変更することであり，例えばガムをガム売場に陳列すると，ガムとして機能（美味しい，リフレッシュなど）するが，ガムをオーラルケア売場に陳列すると，オーラルケアとして機能（虫歯予防，口臭除去など）する。

⑦品質あるいは価格に基づくポジショニング

　最高の価値を提供するものであり，例えば提供する製品の品質と価格をどのようにしたら良いかである。

ポジショニング・マップは，自社と競合他社とを比較して，自社の位置づけを明確にするツールであるが，企業側ではなく消費者側が必要としている軸かどうかという視点が重要である。

3　マーケティング・ミックス（4P）

　環境分析（SWOT）とマーケティング戦略（STP）が設定されると，対象市場に適合したマーケティング手段の組み合わせが検討される。マッカーシー（1960）は，複数のマーケティング手段を集約して製品（product），価格（price），流通（place），販売促進（promotion）の頭文字をとった4Pというフレームワークを提唱した。[14] この4つの要素（4P）を適切に組み合わせることをマーケティング・ミックスと呼ぶ（図表1-13参照）。このマーケティング・ミックスは，企業が標的市場でマーケティング目的を達成するために用いるマーケティング・ツール（4P）である。具体的にいうと，標的市場に対してwhat（何を：product），how much（いくらで：price），where（どこで：place），how（いかに：promotion）販売するのかを検討することによって，より効果的なマーケティング展開が可能になる。はたまた，企業は対象市場に対して望ましいマーケティング・ミックスを構築した上で，競合他社と比較してみれば，自社の何が課題で，何が競争優位性を有しているのかを理解できる。

図表1-13　マーケティング・ミックスの4つのP

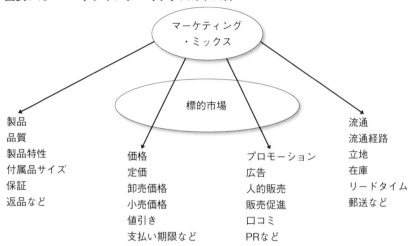

出所：Kotler, P., and Kevin Lane Keller（2016）*Marketing Management, Global Edition*, Pearson, p.47をもとに作成。

①製品（Product）

製品開発は，対象とする市場（標的消費者）を決め，その欲求にあう製品やサービス（ベネフィット）を開発し，市場化する活動である。とりわけ，例えば品質，製品特性，付属品，スタイル，パッケージデザイン，ネーミング，サイズ，アフターサービス，ブランド，保証，返品などが挙げられる。

②価格（Price）

価格設定は，標的消費者に価値を判断してもらう明確なメッセージであり，消費者がどれくらいの水準なら，買ってもらえるかを考えて値段を決める活動である。価格は，企業の収益や消費者の購買意思決定に大きく左右されるため，競合他社がどのような価格で販売しているかも重要である。例えば定価，卸売価格，小売価格，値引き，支払い期限などがある。

③流通（Place）

チャネル構築は，標的消費者に製品を効率的に届けるためにどのような流通経路（卸，小売）が良いか，新たに開拓した方が良いかなどを決める活

図表1-14　マーケティングの4P

4P	内容	例
Product （製品）	対象とする市場を決め，その欲求にあう製品やサービスを開発し，市場化する活動。	品質，製品特性，付属品サイズ，保証，返品など。
Price （価格）	標的消費者にどれくらいの水準なら，買ってもらえるかを考えて値段を決める活動。	定価，卸売価格，小売価格，値引き，支払い期限など。
Place （流通）	標的消費者に製品を効率的に届けるために流通経路や立地などを決める活動。	流通経路，販売地域，在庫管理，リードタイムなど。
Promotion （販売促進）	標的消費者に適切な情報（製品の長所）を伝え，消費者の需要を喚起する活動。	広告，人的販売，販売促進，口コミ，POP，PRなど。

動である。企業は製品の特性，消費者の特性，競合環境などを総合的に考慮に入れて，最適な流通チャネルを選択し，構築する必要がある。例えば流通経路，販売地域，在庫管理，リードタイムなどがある。

④販売促進（Promotion）

プロモーション活動は，標的消費者に適切な情報（製品の長所）を適切な方法とタイミングで伝え，消費者の需要を喚起する活動である。例えば広告，販売促進，人的販売，口コミ，POP（Point-of-purchase advertising：購買時点広告），PR（Public Relations：広報）などである（図表1-14参照）。

以上のマーケティングの4Pは，マーケティングを推進していく上で極めて有効なフレームワークである。

かつて，ドラッカー（Drucker, 1974）は，マーケティングの目的は，セリングを不要にすることであるとしている。この意味は，顧客を理解し，顧客のニーズにあった製品やサービスを提供すれば，自然に売れていくということである。平久保（2009）は，顧客満足なくして企業は存続できないと示唆している。企業は長期にわたって顧客を満足させることができなければ，繁栄はおろか生き残ることはできなくなる。満足した顧客が企業に利益をもたらすのである。[15]こうして考えてみると，マーケティングや企業の最優先課題は「利益」ではなく，「顧客満足」であり，顧客の視点が極めて重要であることが理解できる。

以上のように，マーケティングと消費者行動は，両方とも消費者のニーズと行動の理解を重視しつつ，市場の動向（消費者の動き）に焦点を当てていることから，マーケティングの研究と消費者行動研究は密接に関連している。そこで，マーケティングの理論と実践は，消費者の購買行動研究に極めて有効となる。

〈演習問題〉

(1) 消費者行動は消費行動と購買行動に分けられるが，それぞれの内容について考えてみよう。

(2) 関心のある企業を取り上げ，その企業のSWOT分析とクロスSWOT分析を行い，SO戦略，ST戦略，WO戦略，WT戦略を考えてみよう。

(3) 関心のある企業（または商品）の市場を取り上げ，STPを行ったうえで，特定の企業（または商品）のマーケティング戦略の特徴と課題を検討してみよう。

注)

1) 新村出編著（2018）『広辞苑　第七版』岩波書店，p.1451。

2) 黒田重雄・金成洙編著（2013）『わかりやすい消費者行動論』白桃書房，pp.4-9。

3) 杉本哲夫編著（2012）『新・消費者理解のための心理学』福村出版，p.12。

4) Goo国語辞書（https://dictionary.goo.ne.jp/srch/ 2019年3月15日にアクセス）。

5) Engel, J.F., R. D. Blackwell, and P. W. Miniard (1990) *Consumer Behavior*, 6th ed., Dryden Press, p.3.

6) Schiffman, Leon G., and Joseph L. Wisenblit (2015) *Consumer Behavior*, 11th ed., Pearson Education Limited, p.30.

7) 以下の文献を参照されたい。青木幸弘（2010c）『消費者行動の知識』日本経済新聞出版社，pp.43-46。杉本哲夫編著（2012）『新・消費者理解のための心理学』福村出版，pp.13-14。黒田重雄・金成洙編著（2013）『わかりやすい消費者行動論』白桃書房，pp.26-27。

8) 以下の文献を参照した。田口冬樹（2017）『マーケティング・マインドとイノベーション』白桃書房，pp.29-80。Kotler, P., and Kevin Lane Keller (2016) *Marketing Management, Global Edition*, Pearson, pp.70-79.

9) Kotler, P. (2001) *A Framework for Marketing Management*, Prentice Hall, Inc.（恩藏直人監修・月谷真紀訳（2004）『コトラーのマーケティング・マネジメント』ピアソン・

エデュケーション，pp.58-78）

10）みずほコーポレート銀行産業調査部（2012）「高齢者向け市場〜来るべき「2025年」に向けての取り組みが求められる〜」『特集：日本産業の中期展望―日本産業が輝きを取り戻すための有望分野を探る―』産業調査部，Vol.39，No.2，pp.50-65。（https://www.mizuhobank.co.jp/corporate/bizinfo/industry/sangyou/pdf/1039_03_03. 2019年3月24日にアクセス）

11）Kotler, P., and Kevin Lane Keller（2016）*op. cit.*, p.285.

12）Kotler, P., and Gary Armstrong（1996）*Principles of Marketing*, 7th ed., Prentice Hall, Inc., pp.250-254.

13）Kotler, P.（2000）*Marketing Management: Millennium Edition*, Prentice Hall, Inc.（恩藏直人監訳・月谷真紀訳（2001）『コトラーのマーケティング・マネジメント　ミレニアム版　（第10版）』ピアソン・エデュケーション，pp.375-378）

14）McCarthy, E. Jerome（1960）*Basic Marketing: A Managerial Approach,* Homewood, IL: Irwin. Kotler, P., and Kevin Lane Keller（2016）*op. cit.*, p.47.

15）以下の文献を参照した。Drucker, P. F.（1974）*Management: Tasks, Responsibilities, Practices*, Butterworth-Heineman.（上田惇生訳（2001）『マネジメントー基本と原理』ダイヤモンド社）。平久保仲人（2009）『消費者行動論』ダイヤモンド社，p.14。

第2章 消費者行動研究

学習の要点

①各学問分野における消費者行動論を理解する。

②モチベーション・リサーチ，ハワードとシェスモデル，ベットマンモデル，マザーズボーとホーキンズモデルという概念は，それぞれどのように異なるかを学習する。

③消費者調査プロセス（調査目的を設定する方法，二次資料を収集する方法，定性調査の方法と定量調査の方法，定性調査方法と定量調査方法を融合する方法，資料を分析し，調査結果を報告する方法）を理解する。

キーワード

- 心理学
- モチベーション・リサーチ
- フロイトの精神分析理論
- S-O-Rモデル
- 消費者情報処理モデル
- マザーズボーとホーキンズモデル
- 消費者調査
- 定性調査
- 定量調査

1 各学問分野における消費者行動論

　シフマンとワイゼンブリット（Schiffman & Wisenblit, 2015）は，消費者行動の研究は「心理学（psychology）」，「社会学（sociology）」，「文化人類学（anthropology）」，「コミュニケーション（communication）」という4つの分野から行われている[1]と指摘している。

　まず心理学（psychology）は，人の心を研究し，行動に影響を及ぼす心理的要因（欲求，性格，知覚，学習（経験），態度など）を研究する学問である。

　社会学（sociology）は，社会（家族，同僚，社会階層など）の発展，構造，機能，問題を研究する学問である。

　文化人類学（anthropology）は，人間社会間の文化と発展（文化的価値と下位文化）を比較研究する学問である。

　コミュニケーション（communication）は，個人または媒介を通して情報を伝達し，交換する過程と説得戦略を使用する方法について研究する分野である。

　上記のように，我々の行動は，生きていくための消費と購買行動に深くかかわるため「心理学」の研究と，消費者は社会の一構成員としての種々の集団に参加または関係しているため「社会学」の研究と関係している。また，コトラー（Kotler, 2016）は消費者の購買行動に影響を与える要因の中で，「文化的要因」が最も広範かつ深い影響力を有している[2]と指摘している，「文化人類学」の研究，今や，我々の消費生活に欠かせない情報関連の「コミュニケーション」の研究が進められてきた。こうした学際的研究が消費者行動をそれぞれ説明し，解明してきた（図表2-1参照）。

図表2-1　学際的研究としての消費者行動

学際的研究分野	内容
心理学	意思決定論，学習，知覚，パーソナリティ（気質や性格），態度など。
社会学	家族，準拠集団，社会階層，パーソナル・インフルエンスなど。
文化人類学	文化，下位文化，比較文化など。
コミュニケーション	ソーシャルメディア，モバイル広告，テレビ，新聞，雑誌など。

消費者行動を理解するためには、学際的研究からの視点を盛り込んだ「統合型消費者行動論」が必要とされる。ところが、これまでの消費者行動研究は、心理学的研究がメインストリームとなっている。それは、心理学は人間行動と消費者の購買意思決定に直接的に関与していたからに他ならない。この章では、心理学という視点から消費者行動の理論とモデルを概観するが、次章からは心理学と近接する分野や心理学以外の分野にも焦点を当てて、消費者行動の多様な側面を理解したい。

2 心理学と消費者行動

消費者行動の萌芽的研究は1900年代に遡るが、直接的な消費者行動研究に関する心理学的研究は1950年代に遡る。その当時の代表的な研究はモチベーション・リサーチである[3]。

1 モチベーション・リサーチ（動機調査）

モチベーション・リサーチは、消費者のニーズやウォンツを明らかにし、何が動機となり、購買意思決定されたかの調査であり、投影法や深層面接法などを用いて欲求構造をひきだし、その意味を解釈しようとする技法である。投影法は、意味のあいまいな絵などを見せて解釈させ、パーソナリティや欲求を知ろうとする心理診断の技法のことをいう。深層面接法は、インタビュアーと調査対象者が1対1で面接を行い、商品の購買動機などについて詳しく調べることをいう。すなわち、消費者はなぜ商品を購入するのか、なぜ、特定のブランドを選ぶのかといった動機を分析するために、フロイト（1856-1939）の精神分析学的な手法を利用し、消費者の表面に表れないで内部に隠れて存在している動機を探ろうとしたのである。

フロイトは、意識の背後に無意識があると考え、行動の真の原因をそこに求めたのである。人の心は、無意識的（あるいは無自覚的）な心的過程が進

図表2-2　フロイトの精神分析理論（人の3つの心）

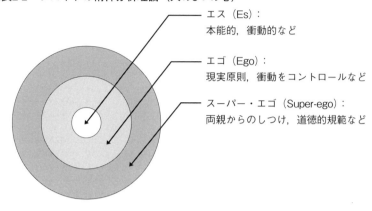

エス（Es）：
本能的，衝動的など

エゴ（Ego）：
現実原則，衝動をコントロールなど

スーパー・エゴ（Super-ego）：
両親からのしつけ，道徳的規範など

行する中で，必要なときに必要な情報だけが意識に現れるという形で機能している。フロイトは，人の心をエス（またはイド），エゴ，スーパー・エゴの3つの領域に分けている[4)]。図表2-2は，フロイトの精神分析理論（人の3つの心）を示している。

(1)　エス（Es)

エス（イド）は，無意識の世界のことで，露骨な性的欲求，自分や物を破壊したい欲求など，衝動的，反社会的，本能的動因といった最も原初的な心の部分のことである。エスは外界の現実を考えず，道徳的規範を無視し，盲目的にただひたすら快感を求めようとする心である（快感原則）。エスは第3者ともいう。例えば〜が欲しい，〜がしたいなどである。

(2)　エゴ（Ego)

エゴは，主に意識できる自分のことで，エスの本能とスーパー・エゴの道徳的規範とを仲介する意識的なパーソナリティの側面のことである。エゴは外界を知覚し，適当なときまで欲求満足を延期したり，衝動をコントロールしたりするなど，エスの欲求を効率よく満たそうとする心である（現実原則）。エゴは自我ともいう。例えば〜をしたほうが良いだろうなどである。

⑶　スーパー・エゴ（Super-ego）

　スーパー・エゴは，両親からの要求や禁止が内面化された道徳的規範や良心，理想のことである。スーパー・エゴは，エス（イド）と正反対で，社会のルール，道徳や倫理など，社会的に容認される行動が良いと考える心である。スーパー・エゴは超自我ともいう。例えば，〜をすると人に迷惑がかかるからやってはダメ！などである。

　このモチベーション・リサーチ（動機調査）は，消費者に購買のための社会的に承認される理由づけを与えなければならないときに，企業のマーケターによって活用された。[5]

＊エス：消費は経済の源泉である。消費は美徳である。
＊エゴ：生きていくためにある種の消費は必要である。
＊スーパー・エゴ：消費をやめよう。倹約しよう。

　1960年代に入ると，心理学的消費者行動の包括的（統合的）概念モデルが多く見られた（Nicosia, 1966; Engel, Kollat & Blaclwell, 1968; Howard & Sheth, 1969）。その中で，新行動主義（S-O-Rモデル）の影響を受けたハワードとシェスモデル（Howard & Sheth, 1969）が代表的な包括的（統合的）概念モデルである。このモデルの特徴は，現代心理学はもとより現代の消費者行動論にも継承されている点である。

2　ハワードとシェスのモデル

　ハワードとシェスモデルは，消費者行動，とくに消費者の購買意思決定を包括的（統合的）に扱った代表的な研究であり，そのモデルの基本思想は，ワトソン（Watson, J. B.）の行動主義の刺激（stimulus）－反応（response）モデルに基づいている。
　ワトソン（1878-1958）は，「行動主義者の見た心理学」（1913）という論文で，「行動主義」を宣言し，行動主義心理学は，一定の刺激（S）に対して反

図表2-3　ワトソンのS-Rモデル（行動主義）

応（R）を測定して，両者の間の関係を明らかにしようとしたため，S-R心理学とも呼ばれた。ワトソンは，人間や動物の行動はすべて生まれつきの反射と条件反射に還元できると考え，「刺激（S）－反応（R）」の形成・結合の関係を基に人や動物の行動を説明しようとした。しかし，同じ刺激を与えても，生ずる反応（行動）は，主体の側の内的状態などによって，必ずしも同一でないことに気づく。つまり，「刺激（S）」と「反応（R）」を直結させることが適切ではなくなる。「心がない心理学」が誕生したのである[6]（図表2-3参照）。

　一方，コトラー（Kotler, 2016）は，消費者行動を理解するための最も基本的なモデルは，刺激（stimulus）－反応（response）モデルであると指摘している[7]。すなわち消費者への刺激（価格，広告など）とそれに対する反応（銘柄や店舗の選択・購買）という２つの側面を捉え，その反応関係が説明・予測に役に立つという考え方である。

　そこで，トールマン（Tolman, E. C）は，刺激（独立変数）とそれによって生ずる反応（従属変数）とをつなぐ「生活体（内在行動決定因）」を媒介変数として，S-O-R（stimulus-organism-response）図式を提唱した。S-O-R図式で，Oに当たる概念を厳密に規定して，行動の法則をつくろうとしたのが，ハル（Hull, C. L）である。彼はパブロフの条件づけの過程を検討して，条件づけが成功するには，まず動物に空腹という「要求need」が生じている状態が必要だと考えた。そして，特定の反応が生じやすくなるのはそれによって要求が満足されるからだという「強化説」を唱えた。彼はさらに「動因」，「習慣強度」，「興奮」，「制止」，「期待」，「知識」などの媒介変数（内面要因）を，研究方法の客観性を維持する形で導入した（図表2-4参照）。トールマンとハルの理論は「新行動主義」といわれ，特にハルの理論は心理学に

図表2-4　トールマンとハルのS–O–Rモデル（新行動主義）

| 刺激
(stimulus) | → | 生活体
(organism) | → | 反応
(response) |

（心が見える内的要因：「動因」，「興奮」，「知識」など）

強い衝撃を与え，心理学の研究に一時期大きな影響を及ぼした[8]。S–O–Rモデルは，刺激に対して消費者の心理的内面要因を加え，消費者の反応がどのように起こるかを分析しようというモデルである。すなわち，消費者の心的プロセスを理解しようとするモデルである。

　その後，このS–O–Rモデルは，ハワードとシェスモデル（Howard & Sheth, 1969）として展開し，S–O–Rの包括的（統合的）概念モデル（購買意思決定に関する初期の代表的なモデル）が提案された（図表2-5参照）。

　ハワードとシェスモデルは，①入力（刺激）変数，②知覚と学習の構成概念（媒介変数），③出力（反応）変数という３つの異なるセクションから構成されている。

①入力（刺激）変数は，３つに分類される。表示的刺激は，製品やブランドそれ自体の品質，価格，特徴，サービスなどの情報である。象徴的刺激は，言語やビジュアルによるマスメディア（広告）などの情報である。社会的刺激は，消費者の購買意思決定にかかわる口コミ（友人や家族など）などの情報である。とりわけ表示的刺激と象徴的刺激は，企業のマーケティング活動からの刺激である。

②仮説構成概念（媒介変数）は，知覚構成概念と学習構成概念に分けられる。知覚構成概念は，３つの刺激（表示的，象徴的，社会的）からの情報の獲得と意味づけに関係している。これは「情報探索」，「注意」，「知覚偏向」から構成されている。学習構成概念は，意味づけられた情報をベースに概念形成し，購買意思決定に影響を与える。これは「動機」，「態度」，「確信」，「意図」，「選択基準」，「ブランド理解」，「満足」から構成されている。

③最後の出力（反応）変数は，消費者のさまざまな反応であり，これは「購

図表2-5　ハワードとシェスのS-O-Rモデル

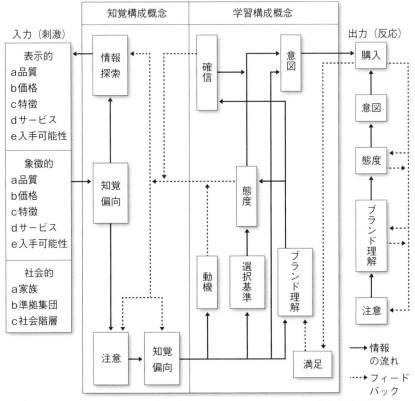

出所：Howard J. A., and J. N. Sheth (1969) *The Theory of Buyer Behavior*, John Wiley & Sons, Inc., p.30.

入」，「意図」，「態度」，「ブランド理解」，「注意」から構成される。

　概略すると，消費者は実物のブランド，広告，口コミなどの刺激から情報を取得し，さらに情報を探索したり，注意を向けたりして態度が形成される。好意的態度が形成されると，購買行動が起きる。購買後は購買前の期待水準によって満足または不満足が決まり，その新たな情報が学習構成概念の変数にフィードバックされ，ブランドに対する知識や信念が修正あるいは強化される。

このモデルには次のような特徴がある。①企業のマーケティング活動と口コミによる刺激がどのような反応を起こすのかに着目した刺激－反応モデルである。②消費者は刺激に対して反応をするだけで，受動的な存在であり，能動的存在ではない。③S-O-Rモデルでは，刺激と反応を結ぶ媒介変数として，とりわけ「態度」が決定され，その結果満足または不満足の反応を行っているとされる。④S-O-Rモデルが登場する中，「態度」が注目され，「態度」をはじめとする媒介変数の重要性が認識されるようになった。消費者の「態度」については第5章で基礎概念も含めて解説する。[9]

1970年代に入ると，消費者行動に新しいパラダイムともいうべき消費者情報処理理論が登場する。消費者情報処理理論の中で代表的な研究がベットマン（Bettman, 1979）モデルである。

3　ベットマンの消費者情報処理モデル

上記のS-O-Rモデルの新行動主義的なパラダイムから，新たな分析視角として認知心理学の影響を受けた消費者情報処理パラダイムへと大きく転換が行われた。その消費者情報処理の先駆的理論がベットマンモデルである。

ベットマンの消費者情報処理モデルは，限られた情報処理の中で，消費者自らがどのように情報を取得し，どのように処理して，購買意思決定に至るのかというプロセスに焦点を当てている。

ベットマンモデルは，「情報処理能力」，「動機づけ」，「注意と知覚符号化」，「情報取得と評価」，「記憶探索」，「意思決定過程」，「消費と学習過程」，「スキャナーと中断メカニズム」という8つの基本要素から構成されている。

①情報処理能力（information processing capacity）

消費者は限られた情報処理能力しか持ってないことを前提としている。したがって，消費者は全プロセスに対して商品選択をより単純化，かつ，より簡便化しようとする。

②動機づけ（motivation）

消費者としては，自ら目標を設定し，その目標を達成するために様々な情報を集める能動的な消費者を仮定している。

③注意と知覚符号化（attention and encoding）

注意は，目標達成のために外部情報へ情報処理能力，または努力を割り当てる（配分する）ことである。知覚符号化は，注意が向けられた外部情報を内部情報（記憶）と比較して解釈・理解をする過程である。

④情報取得と評価（information acquisition and evaluation）

消費者は，記憶の中で利用できる内部情報が不十分である場合はその情報を探索して外部情報を取得する。新しく獲得した情報は消費者自身の効率性や効果性などで評価される。

⑤記憶（memory）

記憶には様々な情報が蓄積されている。その記憶は外部情報から探索する短期記憶と内部情報から探索する長期記憶に分けられる。獲得された情報は短期記憶か長期記憶のどちらかに貯蔵される。

⑥意思決定過程（decision making）

消費者は代替案の比較・選択において，すべての決定を，ヒューリスティクス選択や経験側に基づく単純な意思決定を通して行っている。このヒューリスティクス選択の場合，消費者は個人の要素（個性）と状況要素（緊急性）によって影響を受ける。

⑦消費と学習過程（consumption and learning）

購買選択と消費が行われた後，その結果は情報源として将来の購買選択に影響を与える。購買成果の解釈によるが，例えば期待やそれ以上の満足を得ればヒューリスティクスの単純化になるが，逆の場合は精緻化が行われ選択行動は変容していく。

⑧スキャナーと中断メカニズム

外部の環境変化によって目標の遂行が中断されたり，変更されたりする。スキャナーは，情報を受け取る役割を果たすが，一方で中断メカニズムは情報を拒否する役割を果たしている。図表2-6はベットマンの情報処理モデルを表したものである。

このモデルには次のような特徴がある。①消費者は有限の情報処理能力しか有してないと設計されている。②消費者自らが目標を達成するためにさま

図表2-6　ベットマンの消費者情報処理モデル

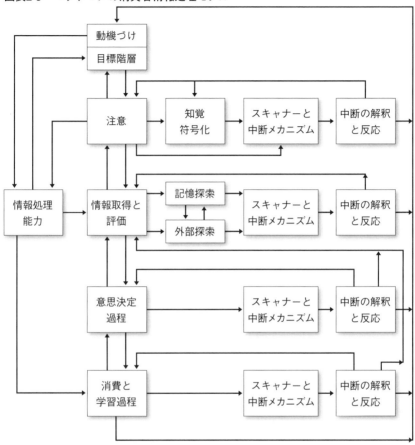

出所：Bettman, K. J.（1979）*An Information Processing Approach of Consumer Choice*, Addison-Wesley, p.17.

ざまな情報を探索し，取得し，処理し，能動的に問題解決行動をする側面が
強調されている。[10]

　ベットマンの消費者情報処理モデルにおいて，守口・竹村（2013）はどの
程度深く精緻な情報処理がなされるのかは，消費者の問題解決に対する動機
づけの強さと目標の明確さに依存するが，消費者の動機の強さに影響する重
要な変数として「関与」が挙げられるとしている。阿部（2013）は，消費者

の情報処理を規定する調整変数として注目されているのが「関与」であると指摘している。[11] 高関与意思決定のプロセスは，消費者が購買しようとするアイテムが消費者にとって重要で，間違って意思決定をすると被るリスク水準が高いとされている。一方，消費者にとって重要ではないアイテムの場合は低関与意思決定という。消費者の「関与」については第6章で基礎概念も含めて解説する。

　1980年代に入ると，上記のような認知心理学の視点だけではなく，解釈主義の研究，精緻化見込みモデルなどがみられる。1990年代に入ると，消費者情報処理理論にベースを置くブランド知識構造の研究が活発化していく（消費者情報処理理論とブランド知識構造については第4章で説明する）。2000年代に入ると，脳科学研究，神経科学研究などの消費者の情報処理と脳の活動部位との関係の研究，[12] 消費者文化理論などがみられている。

　次の消費者行動モデルとして，本テキストの事例編（第8章の消費者行動と文化）と深くかかわっているマザーズボーとホーキンズ（Mothersbaugh & Hawkins, 2016）の消費者行動の包括的概念モデルを概観する。

4　マザーズボーとホーキンズの消費者行動の包括的概念モデル

　マザーズボーとホーキンズモデル（Mothersbaugh & Hawkins, 2016）は，「外部影響」，「内部影響」，「自己概念とライフスタイル」，「意思決定プロセス」という4つの基本要素から構成されている。

⑴　外部影響
　外部影響は，大規模のマクロ集団の影響から始まり，それより小さいミクロ集団の影響によって構成されていく。例えば，文化，下位文化，人口統計，社会的地位，準拠集団，家族という順である。内部影響要因と外部影響要因の間に両方向の矢印があるが，これは各影響要因が相互作用することを意味する。

⑵　内部影響
　内部影響は，知覚から始まるが，この知覚プロセスは，個人がある刺激を

受けてその刺激に意味を付与するプロセスである。内部要因は，知覚，学習，記憶，動機，個性，感性，態度で構成されている。

⑶ 自己概念とライフスタイル

　自己概念とライフスタイルは，本モデルの中心軸の役割を果たしている核心概念である。

　自己概念は，個人が自身に対して持つ考えと感情のことである。それは，自分の知覚と感情である。またライフスタイルは，個人が自分の自己概念を実行する方式であり，過去の経験，生来の特性及び現在の状況によって決定される。この自己概念とライフスタイルは，ニーズと欲望を創り出すが，これは消費者意思決定プロセスを誘引する状況と相互作用する。

⑷ 消費者の意思決定プロセス

　消費者のニーズと欲望は，消費者の意思決定プロセスの１つかそれ以上のレベルを誘引する。この消費者意思決定は，問題の知覚（喉が渇いた）と機会（これは面白そう）によって生じる。そして，このプロセスは，問題の認識→情報探索→代替評価及び選択→店舗選択と購買→使用，処分，購買評価という順となる。

　マザーズボーとホーキンズモデルは，「自己概念（self-concept）」と「ライフスタイル（lifestyle）」を中核として，「外部」と「内部」要因から影響を受け，その後「自己概念」と「ライフスタイル」が形成され，「ニーズ（needs）と欲望（desires）」を創り出し，「ニーズと欲望」が「意思決定プロセス（decision process）：問題認識→情報探索→代替評価及び選択→店舗選択と購買→購買後プロセス」に影響を与える。その結果消費者意思決定プロセスを通して得た経験と獲得物は，「外部」と「内部」に影響を与えるというフィードバック・ループを組み込んだ包括的概念モデルである。[13]

　具体的に言えば，マザーズボーとホーキンズモデルの構造は，まず各個人が自己概念を開発し，そして多様な内部影響要因（主に心理的かつ肉体的）と外部影響要因（主に社会的かつ人口統計的）に基盤をおいたライフスタイ

図表2-7　マザーズボーとホーキンスの消費者行動の包括的概念モデル

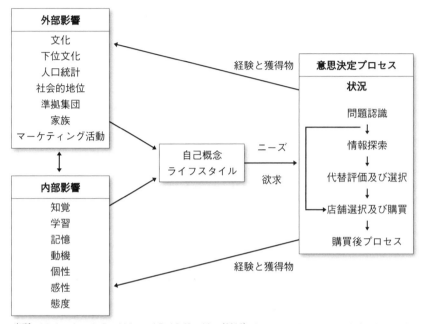

出所：Mothersbaugh, David L., and Del I. Hawkins（2016）*Consumer Behavior: Building Marketing Strategy*, 13th ed., McGraw Hill, p.25をもとに作成。

ルを開発する。こうした自己概念とライフスタイルはニーズと欲望を創り出し，これらのニーズと欲望の多くはそれを満たすために消費意思決定を求める。各個人が意思決定問題の状態に直面すると，消費者意思決定プロセスが活性化される。このようなプロセスとそれが生み出す経験や購買（獲得物）は，内的・外的特性に影響を与えることによって，消費者の自己概念とライフスタイルが形成されることになる。

　消費者は，消費者自身に対する観点（自己概念）を持っており，与えられた資源のもとで特定のマナー（ライフスタイル）で生活しようと努力している。消費者自身の見解と生き方は，内部要因（個性，価値，感性，そして記憶など）と外部要因（文化，年齢，友人，家族，そして下位文化など）によって決定される。また，消費者の見解と生き方は，消費者が日常的に接する数多

くの状況をもたらすニーズと欲望を招くのである。図表2-7は，このようなマザーズボーとホーキンズの消費者行動の包括的概念モデルを表したものである。

　マザーズボーとホーキンズモデルの特徴として，①まず各個人の自己概念とライフスタイルは，外部と内部要因から影響を受ける，②こうした自己概念とライフスタイルは，ニーズと欲望を形成し，消費者意思決定プロセスに影響を与える，③そして，消費者意思決定プロセスから得た経験と獲得物は，外部と内部要因に影響を与えるというフィードバック・ループを組み込んだ包括的概念モデルである。

3　消費者調査

　消費者調査については，シフマンとワイゼンブリット（Schiffman & Wisenblit, 2015）に倣い，まず探索的研究と二次データ（内外の既存データ収集）について考察する。次に当面の調査問題のために考案され，収集された新しい調査データで定義される一次調査（primary research）について説明する。消費者調査には大きく分けて定性調査（qualitative research）と定量調査（quantitative research）がある。定性調査は，主にグループ・インタビュー，深層面接法，投影法で構成される。定量調査には，観察調査，実験法，質問法などが含まれる。
　消費者調査プロセスについて，1 調査目標の設定，2 二次データの収集，3 一次調査のデザイン，4 定性調査と定量調査の融合，5 データ分析と調査結果の報告，という5段階に分けてそれぞれの特徴について概観する。[14)]

1　第1段階：調査目標の設定

調査目標の設定は，消費者調査の過程で最初の段階であり，最も難しい段階

である。その内容は，調査の目的を明確に定義することである。例えばノートパソコンの市場を細分化することなのか，オンラインショッピングの経験がある消費者に対する態度を明らかにすることなのか，サプリメントをオンラインで購買する世帯の比率を知りたいのか，などの具体的な目標設定が必要である。

　調査の目的が，新製品または販促プログラムのテーマに対する新しいアイディアを提案することであれば，調査者は定性調査を活用する。定性調査は，グループ・インタビュー，インタビュアーと調査対象者が1対1で面接を行う深層面接法で構成される。また研究の目的が，①多くの消費者の意識や行動，傾向値などを調べるとき，②特定のブランドを購入する消費者の特性，ブランドに対する忠誠度や満足度などを調べるとき，などの場合は定量調査を実施する。

　多くのマーケターは，大規模な定量調査を実施する前に，定性調査を活用する。その理由は，定性調査の結果が大規模な定量調査の目標をより正確に定義してくれるからである。

2　第2段階：二次データの収集

　消費者調査過程での第2の段階は，何らかの目的のためにすでに収集された既存のデータ（公開されたデータ）を探すことである。二次データを探索する理由は，単に現在の疑問に部分的または全体的に答えを与えてくれる有用な情報が存在するかどうかを確かめてみるのが妥当であるからである。調査は実査による方法が最も良いのであるが，人手や時間，人件費などの制約があり，既存データがある場合はこれで間に合わせた方が得策である。

　二次データ（既存資料）は大きく分けると，①内部二次データ，②外部二次データの2つに分けられ，前者は社内データ，後者は社外データということになる。

(1)　内部二次データの入手方法

　内部情報またはデータは，すでに他の目的で収集された企業の内部情報な

どで構成される。

①販売管理，販売実績などの分析データによる調査資料

　営業部や販売部などで行っている需要予測，顧客の嗜好動向，売れ筋商品，地域別，顧客別，得意先別，販売チャネル別，事業別，商品グループ別などの販売調査，分析結果を参考にする。

②自社で行った標的市場調査結果や顧客管理データなどの調査データ

　得意先や仕入先などから得た情報，地域情報，顧客情報，消費者情報などを活用する。

(2)　外部二次データの入手方法

　外部二次データは，企業や組織外から得られるもので，さまざまな形態がある。あるデータは無料で公共図書館で見つけることができる一方，低コストまたは高コストで利用できるデータもある。

①政府・官公庁・地方公共団体が行った調査データ

　大半は比較的に低コストで利用できる。これには総務庁「家計調査年報」，経済企画庁「国民経済白書」，「経済白書」，中小企業庁「中小企業の経営指標及び原価指標」，環境省「環境白書」，経済産業省「商業統計表・工業統計表」，地方公共団体の経済・消費・産業の調査データなどがある。

②銀行や大学，その他の公共・民間の研究所が行った調査データ

　みずほ，産業技術，野村などの総合研究所，大学の研究所などが行った調査データがある。

③業界団体・経済団体が行った調査データ

　日経連，ジェトロ，経団連，商工会議所，百貨店協会，日本チェーンストア協会などが行った調査データがある。

④民間のマーケット・リサーチ会社，コンサルティング会社が行った調査データ

　帝国データバンク，マクロミル，矢野経済研究所などが行った調査データが挙げられる。

⑤新聞・雑誌・情報誌・専門書などで発表された各種記事・調査データ

　日経流通新聞，日経産業新聞，日経経済新聞などの専門紙，市販されている経済・商業・業界誌などの消費トレンド性の強い雑誌や専門書などがある。

⑥オンライン検索サービスで接近可能なデータ

日本の論文をさがす「CiNii Articles」，大学の本を探す「CiNii Books」，総合学術電子ジャーナルサイト「J-STAGE」，Google Scholarなどが挙げられる。

3　第3段階：一次調査（primary research）のデザイン

図表2-8は，二次データを収集した上で，定性調査を伴う左のパスと定量調査を伴う右のパスの2つに分かれることを表している。この分岐は，調査の目的を反映する。新しいアイディア（製品のポジショニングやリポジショニングなど）を得ることが調査の目的である場合には，定性調査が行われる。一方，技術的，定量的な情報が必要な場合は，定量調査が必要である。

図表2-8　消費者調査プロセス

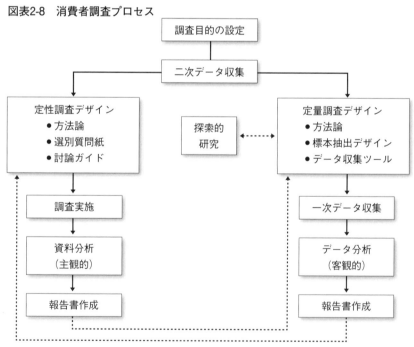

出所：Schiffman, Leon G., and Joseph L. Wisenblit (2015) *Consumer Behavior*, 11th ed., Pearson Education Limited, p.405.

調査データは，次の4つの尺度のいずれかに分類される。

①名義尺度（nominal scale）
　血液型（A＝1，B＝2，AB＝3，O＝4），性別（男性＝1，女性＝2）などの固有
　の順序が備わっていない変数の尺度である。1，2・・・という数字は単にそれぞれ
　を区別するための分類記号にすぎない。すなわち，それらの数字は順序を意味して
　いるわけではない。
②順序尺度（ordinal scale）
　順位尺度とも呼ぶ。数字は大小関係にのみ意味を持ち，固有の順序である。例えば1
　位，2位，3位とか，英検1級，2級，3級などのように順序のあるデータのこと
　である。態度調査で用いる「1.全くそう思わない，2.あまりそう思わない，3.ど
　ちらでもない，4.少しそう思う，5.とてもそう思う」のような回答肢も順序尺度
　である。
③間隔尺度（interval scale）
　順序性があって，数値間が等間隔の尺度を示す。すなわち，順序尺度のうち，数値
　間が等間隔になっている尺度である。例えば，－2，－1，0，1，2でも良いし，3，
　6，9，12，15でも良い。こうした等間隔に配置される数値と数値の間には連続性
　がないことも間隔尺度の特徴でもある。温度や年齢などで用いられる。
④比率尺度（ratio scale）
　比列尺度とも呼ぶ。数値間が等間隔で，年齢，収入，購入量など絶対的原点（0）
　を有するデータのことで，大小関係にも，比にも，差にも，意味があるような尺度
　である。例えば，年齢について，「ちょうど100歳の人はちょうど50歳の人の2倍
　生きた」というように，比を考えることに意味がある。

出所：小田利勝（2012）『ウルトラ・ビギナーのためのSPSSによる統計解析入門』プレアデス
出版，pp.19-22。

⑴　定性調査

　定性調査の収集方法には，代表的なものとして3つの方法がある。すなわ
ち，グループ・インタビュー（集団面接法），深層面接法，投影法である。こ
れらについて簡単に概観する。

①グループ・インタビュー（group interview）

　これは，調査員が5〜10の被調査員（消費者・顧客など）を1つの部屋に
集め，ある商品の購買動機や商品のイメージなどについて，通常2時間ほ

ど話し合ってもらい，多様な発言の収集と分析を目指すものである。この
グループ・インタビューで，製品についての人々の情報，消費者の知覚や
使用状態に関する価値のある情報などが得られる。新しいアイディアやコ
ンセプトが企業の標的市場によって受け入れられるか否かは，このグルー
プ・インタビューによってまずテストされる。

②深層面接法（depth interview）

これは，1対1の面接とも呼ばれ，調査するものと調査されるものが，1
人につき20分〜60分の時間をかけて，気楽で柔軟な雰囲気の中で対話を図
り，はっきりしない商品の購買動機や態度などを心理面からつかんでその
本音を探ろうという方法である。この深層面接法は，マーケターにとって
製品のポジショニング，リポジショニング，製品開発，リ・デザイン（高
度な次元で「完成されたデザイン」を，さらに「最適化」すること）など
に関する価値の高いアイディアを提供してくれる。

③投影法（projective technique）

これは，比較的に曖昧な刺激や状況を設定して，被調査員からの自由な反
応（解釈や判断・表現）を得て，それを分析することで被調査員の性格，
欲求，特徴などを把握しようとするものである。この曖昧な刺激や状況に
は「文章完成法」，「文字（語句）連想法」などが利用される。例えば「文
章完成法」では，「私が学校の食堂で食事をする時は必ず（……）を食べる。
なぜならば（……）だからである」といった形に完成させる。

(2) 定量調査

定量調査には，代表的なものとして3つの方法がある。すなわち，観察調
査，実験法，質問法である。これらについて簡単に概観する。

①観察調査（observational research）

これは，何らかの対象について調査員の観察によって情報を収集，記録，分
析する方法である。例えば，スーパーマーケットの店内に立って買い物客
の動線を調べたり，特定の繁華街や交差点に立って，通行量や交通量を調
査したりするものである。

この観察調査は，オリジナル・データが得られるという大きな利点があるが，調査に時間や費用がかかることや購入動機のような心理的・内面的な把握はできない欠点もある。

②実験法（experiment）

実験法（experiment）または因果関係研究（causal research）は，さまざまな要因間の原因と結果の関係を明らかにすることができる。例えば，因果関係を明らかにするために設計された実験を通じて，パッケージデザイン，異なる価格，プロモーションなど，様々なタイプの変数が販売に与える相対的な効果をテストすることができる。テスト・マーケティングともいえる。この実験法は，製品に対する消費者の反応や売上を予測できる利点もあるが，多額な費用や時間と人手がかかる欠点もある。

③質問法（survey method）

これは，調査員が被調査員に質問し，実施する方法である。この質問法は，主要なものとして，対面調査，電話調査，郵便調査，インターネット調査などを挙げることができる。これらについて簡単に以下に述べる（図表2-9参照）。

a 対面調査（personal interview survey）：調査員と被調査員が対面して質問し，回答してもらう。この調査は，主にパブリックスペース（公共空間）またはショッピングモール内で実施される。

b 電話調査（telephone interview survey）:調査員が電話をかけて質問し，回答してもらうことでデータを収集する方法である。通常，あらかじめ用意

図表2-9　対面調査，電話調査，郵便調査，インターネット調査の長所と限界点

	対面調査	電話調査	郵便調査	インターネット調査
費用	高い	中間	低い	低い
速度	遅い	敏速	遅い	早い
応答率	高い	中間	低い	自体選択
地域的柔軟性	難しい	優秀	卓越	卓越
面接者偏向	高い	中間	解答なし	解答なし
面接者監督	難しい	容易	解答なし	解答なし

出所：Schiffman, Leon G., and Joseph L. Wisenblit（2015）*Consumer Behavior*. 11th ed., Pearson Education Limited, p.416.

された質問紙に沿って質問を実施し，その回答を質問紙に記入する。

c 郵便調査（mail survey）：質問アンケート用紙を被調査員の家や事務所に郵送し，一定期間後に記入して送り返してもらう方法である。

d インターネット調査（internet survey）：インターネット上の調査画面に，被調査員がアクセスし，回答する調査手法で，マーケティング調査の分野を中心に急速に普及している。

対面や郵送など人手を介して回答を収集する調査手法と比べ，費用対効果が高い調査方法である。

(3) 定量調査の資料収集手段

①質問紙：郵便やオンラインなどを通して選定された被調査員に質問紙を送り，自己回答で進行されるか，または対面や電話などを通して調査員と進行される。

②態度測定ツール：これは調査員が被調査員に製品または製品属性のリストを提示し，これに対する被調査員自身の感情または評価を提示してもらう際に利用するツールである。これにはリッカート尺度法，SD法，順位法（コラム２参照）がある。

③顧客満足度測定：製品やサービスに対する顧客の満足の度合を測定することである。

④標本抽出及びデータ収集：母集団は集団のすべてであるが，標本抽出（サンプリング）は母集団の一部を抽出することである。母集団すべてから情報を得るのはほとんど不可能であるため，調査員は標本を利用する。標本抽出の次の段階はデータ収集である。

4 第4段階：定性調査と定量調査の融合

マーケターは，定性的要素と定量的要素の両方を含む調査プロジェクトを頻繁に利用している。例えば，新しいアイディアを見つけ，プロモーション戦略を開発するために定性調査の結果を利用して，複数の販促物に対する消費者の反応の程度を推定するために定量調査を通じて検証する。定性調査に

コラム2 ▶ 討論ガイドと質問方法について

(1) 討論ガイド（discussion guide）

　深層面接または標的集団面接のセッション中に，被調査員とやり取りする質疑の流れを整理してくれる段階別要約書である。

(2) リッカート尺度法（Likert scales）

　ある質問項目に対して「非常に好き」，「やや好き」，「どちらともいえない」，「やや嫌い」，「非常に嫌い」のような5段階評価で回答をしてもらう質問方法である。4段階，7段階，9段階にする場合もある。

(3) SD法（semantic differential scales）

　ある質問項目に対して「安全な－危険な」，「好き－嫌い」といった対をなす形容詞を両極に置き，回答をしてもらう質問方法である。5段階や7段階などがある。

(4) 順位法（ranking method）

　ある質問項目に対して複数の選択肢を用意し，被調査員の嗜好などを順位づけして回答してもらう質問方法である。選択肢のすべてに順位をつける完全順位法と上位のみ順位をつける一部順位法がある。

出所：Schiffman, Leon G., and Joseph L. Wisenblit（2015）*Consumer Behavior*, 11th ed., Pearson Education Limited, pp.409-423.

よって得られた消費者の理解と定量調査によって可能となった予測値を融合することによって，どちらかのアプローチだけを活用する場合よりも，消費者行動のより豊かで安定したプロファイルを得ることができる。

　実際に多くの消費者行動研究は，一連の相互に関連した定性調査と定量調査を同時にまたは一度か二度の定性調査と定量調査を行き交って順次に遂行される。

　心得ておくべきことは，マーケティング志向の企業で行われるほとんどの消費者調査では，単独の研究ではなく，定性調査（主に集中面接または深層面接）と定量調査（主に質問調査または実験形態）が混在した一連の研究で構成されることである。

5 第5段階：データ分析と調査結果の報告

(1) 学習目標1：調査目標を設定する方法を理解する

　消費者調査過程の最初の段階であり，最も難しい点は，調査の目的を正確に定義することにある。それは，調査の目的を正確に明示することにより必要な情報が適切に収集され，試行錯誤を避けることができるからである。

(2) 学習目標2：二次データを収集する方法を理解する

　二次データは，目的としている調査とは異なる目的で収集した既存の情報である。二次データを探索する理由は，現在利用可能な情報が当面の調査の質問に対する答えを一部あるいは全部与えることができるかを確かめてみるのが合理的であるからである。二次データには，内部二次データと外部二次データがある。とりわけ，外部データの主な出所は政府や，専門的で学術的な刊行物の記事などである。

(3) 学習目標3：定性調査の方法と定量調査の方法を理解する

　調査の目的が，新製品アイディアまたは販促テーマを提示することであれば定性調査を活用する。定性調査はグループ・インタビュー（集団面接法），深層面接法，投影法で構成される。一方，調査の目的が標的市場の人口統計学的特性の把握，特定ブランドに対する購入者の特性や忠誠度などを知るためであれば定量調査を活用する。定量調査は観察調査，実験法，質問法などを含む。

(4) 定性調査と定量調査をどのように融合するかを理解する

　マーケターは，定性的要素と定量的要素が融合された調査プロジェクトを頻繁に利用している。例えば，新しいアイディアを見つけ，販促戦略を開発するために定性調査の結果を利用して，複数の販促物に対する消費者の反応の程度を推定するために定量調査を活用する。多くの場合，定性調査から得たアイディアは定量調査を通して検証される。定性調査と定量調査を融合することにより効率的で質の高い調査を行うことができる。

⑸　**資料を分析し，調査結果を報告する方法を理解する**

　定性調査では，通常，調査員は被調査員から得られた回答を分析する。定量調査では，被調査員から得られた回答をコーディング（符号化する）した後，統計的に分析される。

　定性調査と定量調査の両方の調査報告書には，調査結果の簡単な総合報告と適用された方法論の詳細な記述と企業への提案が含まれる。

〈演習問題〉

⑴　事例を用いてフロイトの精神分析理論（エス，エコ，スーパー・エコ）について考えてみよう。

⑵　自分の購買行動で，モチベーション・リサーチ，ハワードとシェスモデル，ベットマンモデル，マザーズボーとホーキンズモデルをそれぞれ用いて，最近購入した商品例をそれぞれ考えてみよう。

⑶　一次調査と二次調査の相違点をはじめ，定性調査と定量調査の相違点とそれぞれの特徴を検討してみよう。

注）

1）Schiffman, Leon G., and Joseph L. Wisenblit（2015）*Consumer Behavior*, 11th ed., Pearson Education Limited, p.47.

2）Kotler, Philip, and Kebin Lane Keller（2016）*Marketing Management, Global Edition*, 15th ed., Pearson. p.179.

3）杉本哲夫編著（2012）『新・消費者理解のための心理学』福村出版，pp.33-55。

4）長谷川寿一・東條正城・大島尚・丹野義彦（2005）『はじめて出会う心理学』有斐閣アルマ，pp.6-7，pp.131-137。

5）黒田重雄・金成洙編著（2013）『わかりやすい消費者行動論』白桃書房，p.43。

6）Watson, J. B.（1913）Psychology as the bihaviorist Views it, *Psychological Review*, Vol.20, pp.158-177.（安田一郎訳（2017）『行動主義の心理学』ちとせプレス）今井四郎・大黒静治編著（1991）『心理学入門』アカデミア，pp.7-23。

7）Kotler, Philip, and Kebin Lane Keller（2016）*op. cit.*, p.187.

8）長谷川寿一，前掲書，pp.16-18。今井四郎，前掲書，pp.7-23。

9）詳しくは以下の文献を参照されたい。Howard, J. A., and J. N. Sheth（1969）*The Theory of Buyer Behavior*, John Wiley & Sons, Inc., pp.46-48. 日本マーケティング協会編（2001）

　　　『マーケティング・ベーシックス〈第二版〉』同文舘出版，pp.77-79。

10) Bettman, K. J.（1979）*An Information Processing Approach of Consumer Choice*,
　　　Addison-Wesley, p.17. 日本マーケティング協会編（2001）同上書，pp.79-85。

11) 守口剛・竹村和久編著（2013）『消費者行動論』八千代出版，pp.34-35。阿部周造（2013）
　　　『消費者行動研究と方法』千倉書房，p.27。

12) 青木幸弘・新倉貴士・佐々木壮太郎・松下光司（2012）『消費者行動論─マーケティン
　　　グとブランド構築への応用』有斐閣アルマ，pp.78-79。

13) Mothersbaugh, David L., and Del I. Hawkins（2016）*Consumer Behavior: Building
　　　Marketing Strategy*, 13th ed., McGraw Hill, pp.24-28.

14) 以下の文献を参考にした。Schiffman, Leon G., and Joseph L. Wisenblit（2015）*op. cit.*,
　　　pp.404-427. 奥本勝彦・林田博光編著（2004）『マーケティング概論』中央大学出版部，
　　　pp.73-89。三宅隆之（1999）『現代マーケティング概論』同文舘，pp.73-93。

第**3**章 消費者の購買意思決定プロセス

学習の要点

①消費者の購買意思決定プロセスについて理解する。

②消費者のニーズとウォンツと需要の違いについて学習する。

③補償型意思決定と非補償型意思決定との違いについて理解する。

④消費者の購買意思決定プロセス（AIDMA, AISAS, SIPS, DECAX）の特徴について学習する。

⑤消費者の購買後行動プロセス，とりわけ購買後不協和について理解する。

キーワード

- ・購買意思決定プロセス
- ・ニーズ
- ・ウォンツ
- ・需要
- ・マズローのニーズ5段階理論
- ・情報源
- ・情報探索のフレームワーク
- ・補償型意思決定
- ・非補償型意思決定
- ・AIDMA モデル
- ・AISAS モデル
- ・SIPS モデル
- ・DECAX モデル
- ・購買後行動プロセス

消費者の購買意思決定プロセスは，先述（1章）したように購買前行動（問題認識と情報探索），購買時行動（代替案評価と購買意思決定），購買後行動（評価：満足or不満）という3つに大きく分類される（図表3-1参照）。

図表3-1　消費者の購買意思決定プロセス

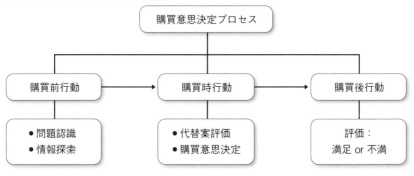

1 購買前行動

　購買前行動は，「問題認識」と「情報探索」に分けられる。

1　問題認識

　問題認識は「理想の事柄」と「現実の事柄」との間に隔たりが存在することで，その隔たりを解決されるべき問題であると認識することである。私たちは毎日のように理想と現実の違いに悩まされながら生きている。自分の目の当たりにしていることが現実であり，自分の思い描いたことが理想である。この段階は「ニーズ喚起」とも呼ばれる。

(1)　ニーズとウォンツと需要
　そもそも消費者のニーズとウォンツと需要は何か。コトラーとアームストロ

ング（Kotler & Armstrong, 1997）は，「ニーズ（needs：必要）とは，欠乏を感じている状態を指す。食べ物，衣服，保護，安全への生理的ニーズ，帰属，愛情への社会的ニーズ，知識，自己表現への個人的ニーズなどがあるが，こうしたニーズはマーケターが作り出すものではなく，あくまでも人間の性質の基本にあるものである」としている。一方，ウォンツ（wants：欲求）とは，「人のニーズが具体化したもので，文化や個人の性格によって異なる」とし，「ニーズを満たす特定の対象のことである」と指摘している。そして，需要（demands）は「人間の欲求には限界がないが，財源には限りがある。そこで，人は，予算内で最も高い価値と満足を与えてくれる製品を選ぶ。欲求に購買力が伴うと需要となる」としている[1]。

　すなわち，ニーズは何かある物を必要としていることで，何かの不足や不満を感じていることである。例えば喉が渇いたとか，何でも良いから車が欲しいなどである。欲求は，何かある決まったものが欲しいことであり，例えば喉が渇いたとき，オレンジジュースが良いとか，車の中でも高級車が欲しいなどである。需要は，購買力が検証できるものや裏づけられるものである。例えば，キリントロピカーナ100%のオレンジジュースを買おうとか，メルセデスベンツを買おうなどである。

　このことから，ウォンツ（wants）＝ニーズ（needs）＋好き（like）であ

図表3-2　ニーズ，ウォンツ，需要の概念

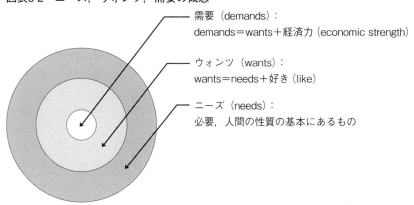

需要（demands）：
demands＝wants＋経済力（economic strength）

ウォンツ（wants）：
wants＝needs＋好き（like）

ニーズ（needs）：
必要，人間の性質の基本にあるもの

り，需要（demands）＝ウォンツ（wants）＋経済力（economic strength）といえよう（図表3-2を参照）。

とりわけ，ニーズについてはマズローによる詳細な分類がある。

⑵　マズローのニーズ5段階理論

マズロー（Maslow, 1954）のニーズ（要求や欲求とも呼ばれている）5段階理論は，人間のニーズは階層的構造をもち，生理的ニーズが満たされると，より高次のニーズへ向かうというニーズの発展段階理論である。すなわち，生きるために必要な生理的ニーズから自己を高める心理的ニーズへと進むと示した（図表3-3参照）[2)]。

①第1段階：生理的ニーズ（physiological needs）

生命維持のための基本的・本能的なニーズである。例えば，食品，飲料などである。

②第2段階：安全ニーズ（safety needs）

精神的・身体的な安全・安心へのニーズである。例えば，セキュリティ・アラーム，保険などである。

③第3段階：所属・愛情ニーズ（social needs）

友人や家族・社会に所属し，愛情を与えたり，受け取ったりしたいというニーズである。例えば，社会的な連帯感，自分の居場所などである。

④第4段階：尊敬ニーズ（esteem needs）

他人から高い評価を得たり，尊敬されたりしたいというニーズである。例えば，重要な人でありたい，社会的地位を得たいなどである。

⑤第5段階：自己実現ニーズ（self-actualization needs）

自分の成長や発展の機会を求め，その可能性を実現するニーズである。例えば，教育，健康などである。

①〜③のニーズは外的・低次のニーズであり，④〜⑤ニーズは内的・高次のニーズである。

すなわち，①〜⑤の方向に個人のニーズが変化，発展していくことから，それに商品が対応して発展し，同時に社会が商品の傾向をこの順で必要とし，

図表3-3　マズローの「ニーズ5段階理論」

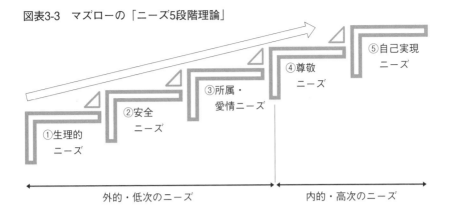

①生理的
　ニーズ

②安全
　ニーズ

③所属・
　愛情ニーズ

④尊敬
　ニーズ

⑤自己実現
　ニーズ

外的・低次のニーズ　　　　　　　内的・高次のニーズ

商品もそのように提供されていくという予測もある。

2　情報探索

　情報探索は，購入しようとする商品やサービスにおいて，どのような商品やブランドがあり，各々はどのような特性を有しているのか，いくらで購入できるのか，などを調べることである。情報源としてこれまでの個人的な経験や知識などを探索する「内部探索」とWebサイトや販売員，そして専門雑誌などを探索する「外部探索」に分けられる（図表3-4参照）。

　問題認識が刺激されると，消費者は一般的にその問題を解決するために，まずは内部探索をはじめる（第4章参照）。消費者は記憶の中に多様な情報，感情，意思決定をする際に想起できる過去の経験を保持している。多くの場合，消費者の意思決定は記憶から想起された情報に依存している。一方で，記憶や経験などの情報がない場合や情報が不確実なときもある。その場合，消費者はディーラー，信頼できる友人や親戚，発行媒体（雑誌，パンフレット，本など），広告物などの外部情報源に対する外部探索を行う。

　車を例に取り上げて考えてみよう。あなたは車に関連する情報を得るために，車に対する知識を想起したり，友人やオンラインで調べたり，雑誌でレビューを読んだり，販売員に聞いてみたり，個人的にいくつかの車を確認することができる。以下には，消費者が利用可能である代表的な5種類の情報

図表3-4　購買意思決定の情報源

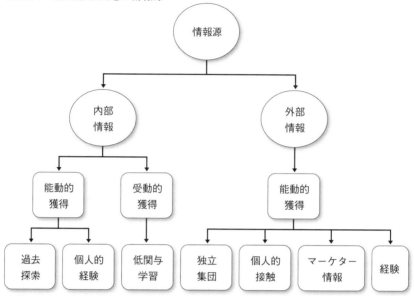

出所：Mothersbaugh, David L., and Del I. Hawkins (2016) *Consumer Behavior: Building Marketing Strategy,* 13th ed., McGraw Hill, p.525をもとに作成。

源を示してある。[3]

①過去探索，個人的経験，低関与学習の記憶（学習内容に対して関心が低い場合であり，例えばお菓子はCMに出てくるタレントが可愛ければこのお菓子も可愛いと思ってしまう）。これは「内部情報」に属する。

②雑誌，消費者集団，そして政府機関などの独立集団。これは「外部情報」に当たる。

③友人，家族などの個人的接触。これは「外部情報」である。

④販売員，Webサイト，そして広告などのマーケター情報。これは「外部情報」に当てはまる。

⑤検査や製品の試用などの経験。これは「外部情報」に含まれる。

　さらに外部情報の探索には購入前探索（prepurchase search）と継続的（進行的）探索（ongoing search）がある。[4]前者は，問題認識の活性化に反応して探索するものである。例えば，新しい自動車を購入するために探索する消

図表3-5　消費者情報探索のフレームワーク

	購入前探索	継続的（進行的）探索
決定要因	● 購入に関与 ● 市場環境 ● 状況的要因	● 製品に関与 ● 市場環境 ● 状況的要因
動機	● より良い購入意思決定	● 未来の使用のために情報構築 ● 喜びと楽しみの経験
結果	● 製品と市場の知識の増大 ● より良い購入決定 ● 購入結果に対する満足度の向上	● 製品と市場の知識が増加することで 　将来の購入効率性，対人影響力の向上 ● 衝動買いの増加 ● 検索とその他の結果からの満足度の向上

出所：Solomon, M. R.（2011）*Consumer Behavior: Buying, Having and Being, Global Edition*, 9th ed., Pearson, p.338.

費者は，自動車のディーラーや自動車関連のWebサイトを訪問したり，品質のランクを確認し，クルマの雑誌を読んだりして情報を得ている。後者は，問題認識が活性化されていないときでも，継続的（進行的）に探索するものである。例えば，消費者は自動車購入後，継続的に自動車関連の雑誌を読んだり，自動車関連のWebサイトを訪問したり，自動車展示会にも行く。すなわち，消費者は探索自体を楽しんでいるのである。図表3-5は，これら2つの形態の探索を比較したものである。

2 購買時行動

購買時行動は，代替案評価と購買意思決定に分けられる。

1 代替案評価

消費者が情報探索（内部情報と外部情報）によって得た様々な情報をベースに自分のこれまでの経験や知識と照らし合わせて代替案として商品を比較，評価する。

代替案意思決定は，大きく分けて補償型意思決定（compensatory decision）と非補償型意思決定（non-compensatory decision）の2つがある（第5章参照）。

2　購買意思決定（選択と購入）

　これは，消費者が代替案評価で形成された商品やサービスに対する態度に従って特定の商品やサービスを意思決定（選択と購入）することである。ここでは，消費者の購買意思決定のモデルを紹介したい。

　消費者がある商品のことを知ってから最終的に店頭で購入するに至るまでの心理的状態を説明するモデルとして，最も有名なのが1920年代の「AIDMA（アイドマ）」の5段階モデルである。これはアメリカのサミュエル・ローランド・ホール（Samuel Roland Hall）が示した。

　図表3-6は「AIDMA」の頭文字をつなげて表しており，次のようなステップを踏んで進行すると仮定している。

　「AIDMA」モデルでは，新商品が売れない場合，売れない理由，特に普及を妨げる原因を突き止めることが可能かもしれない。[5] 例えば，ある新しいノートパソコンがなかなか売れないと仮定してみよう。売れないということは，消費者が購入という行動を起こしてくれていないということなので，「AIDMA」モデルの5段階のどこかに問題があるかもしれない。

　まずAttention（注目）で考えると，消費者に新しいノートパソコンを知らせているか。次の段階のInterest（関心）では，消費者に新しいノートパソコンについて興味や関心を持ってもらえているのか。次のDesire（欲求）では，消費者が新しいノートパソコンに欲求を感じているかどうか。次のMemory（記憶）では，新しいノートパソコンを長く覚えているかどうか。最後のAction（行動）の段階では，なぜ購入するという行動を起こさないのか，などの5段階の検討は，新商品の普及を妨げている原因やこれまでの企業のマーケティング活動の問題点などを明確にしてくれる可能性が十分にある。

　一方，インターネットの普及によって消費者の購買行動に変化が生じている。こうしたインターネットの普及を背景に，従来の「AIDMA」モデルに対して

図表3-6　マスメディア時代の購買意思決定プロセス（AIDMAモデル）

A　attention（注目）：　消費者はまずある特定の商品の広告に注目する。

I　interest（関心）：　消費者は商品に興味・関心を持つ。

D　desire（欲求）：　消費者は商品に欲求を抱くようになる。

M　memory（記憶）：　消費者は商品を記憶して店舗に来店する。

A　action（行動）：　消費者は商品を購入するという行動に至る。

日本の広告代理店の電通（2005）はインターネット時代に適用する「AISAS（アイサス）」モデルを提唱し，電通の登録商標（第4874525号）となっている。図表3-7はインターネット時代の購買意思決定プロセスを仮定している。

「AISAS」モデルは消費者が自ら情報を収集し，発信し，他者と共有するという行動を踏まえて，「Attention（気づく）⇒Interest（興味をもつ）⇒Search（情報収集する）⇒Action（購入する）⇒Share（情報共有する）」という5段階をモデルとして，捉えたものである。

「AISAS」モデルと「AIDMA」モデルの異なる点として，2SのSearch（検索），Share（共有）が挙げられる。この2Sはインターネットに適用した要素である。すなわち，これは消費者がある商品に関心を持つと，すぐにインターネットで検索（Search）し，購入後はネット上で消費者同士が購買や使用の体験に関する情報を共有（Share）するということを特徴としている。

また，電通（2011）はこれからのソーシャルメディア（ブログ，リアルタイムウェブ，SNSなど）が主流となる時代の消費者の購買行動に適したモデルとして，「SIPS（シップス）」というモデルを提唱した。図表3-9は「SIPS」モデルというソーシャルメディア時代の購買意思決定プロセスを示したものである。

「SIPS」モデルは，まずFacebookやツイッターなどを通して「共感（sympathize）」された情報だけが広がっていくというソーシャルメディアの特

図表3-7　インターネット時代の購買意思決定プロセス（AISASモデル）

A　attention（注目）： 消費者はまずある特定の商品の広告に注目する。

I　interest（関心）： 消費者は商品に興味・関心を持つ。

S　search（検索）： 消費者は情報を収集する。

A　action（行動）： 消費者は商品を購入するという行動に至る。

S　share（共有）： 消費者は情報を共有する。

コラム1 ▶ GoogleのZMOTモデル

　ZMOT（Zero Moment Of Truth：ゼロ番目の真実の瞬間）モデルは，Googleが2011年に提唱した消費者の購買意思決定プロセスである。元来は1981年にスカンジナビア航空のCEOに就任し，経営不振に陥った同社をたったの1年で立て直したヤン・カールソンが提唱した「Moment of Truth（真実の瞬間）」が語源である。ヤン・カールソンが提示した真実の瞬間とは，「最前線の従業員の最初の接客態度がその会社全体の印象を決めてしまう。その最初の15秒を真実の瞬間」と呼んだ。すなわち，真実の瞬間とはこの15秒間で顧客をいかに満足させられるか，というものになる。この考え方が拡張し，ZMOTモデルとなったのである。

　刺激（Stimulus）とは，外部からの刺激であり，例えば，テレビCM，新聞広告，家族や友人からのFacebook，Instagram，口コミなどの情報である。

　アメリカP&G社は「来店したお客様は商品棚を見て，最初の3秒から7秒でどの商品を買うかを決めている」という独自リサーチから，商品配置や陣列などが購入商品を選択する決定的な瞬間を左右する，「インストア」のマーケティングモデルをFMOT（First Moment of Truth：第1の真実の瞬間）と呼んだのである。

　SMOT（Second Moment of Truth：第2の真実の瞬間））とは，顧客が製品やサービスを実際に購入し，家に持ち帰り，自分が期待した価値と合致するかどうかを体験する瞬間である。

　しかし，Googleは，近年，多くの消費者がインターネットの普及によりリアル店舗に行く前に情報をバーチャル店舗やレビュー等のクチコミ，SNS上の友人から得て，リアル店舗に行くという傾向が多く見られていることから，ZMOTモデルを提唱したのである。すなわち，ZMOTとは多くの消費者が来店前にネットで情報収集をすることから，FMOTの前に実質的な購買意思決定の瞬間があるとしたのである（図表3-8参照）。

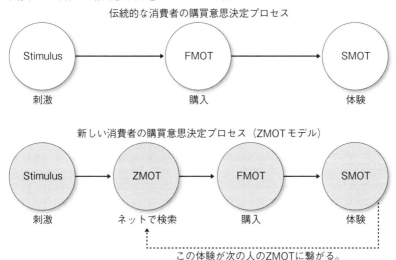

図表3-8　新旧の購買意思決定プロセスの比較

伝統的な消費者の購買意思決定プロセス

Stimulus → FMOT → SMOT

刺激　　　　　　購入　　　　　　体験

新しい消費者の購買意思決定プロセス（ZMOTモデル）

Stimulus → ZMOT → FMOT → SMOT

刺激　　ネットで検索　　購入　　　体験

この体験が次の人のZMOTに繋がる。

出所：牧田幸裕（2017）『デジタルマーケティング』東洋経済新報社, pp.91-93。Lecinski, Jim（2011）"ZMOT Winning the Zero Moment of Truth," Google, *Working paper*, pp.16-17をもとに筆者作成。

徴を踏まえて，消費者が共感した情報であることが前提となっている。そして，共感した情報や商品などが自分の価値観にマッチし，有益であるかどうかを，情報を検索して「確認（identify）」する。次の段階では，商品を購入するが，購入前でもソーシャルメディア上で友人や知人にリツイートやいいね！などをして企業の販売促進活動に「参加（participate）」していく。「SIPS」モデルでは購買行動だけでなく，購買を伴わない行動も「参加（participate）」と呼ぶ。最後の段階では，「参加」した生活者の友人や知人への「共有（share）」行動が，結果的に自分が所属する集団内で「拡散（spread）」され，さらに共感を生むということになっている。

「SIPS」モデルの特徴として，①消費者の購買意思決定モデルの変化により，これからの広告は，「共感（sympathize）」を重視すること，②消費者の購買行動だけではなく，企業の活動への「参加（participate）」を考えること，③情報伝播の変化を共有だけでなく，「拡散（spread）」へと広げること，が

S	sympathize（共感）：	消費者に共感された情報であること。
I	identify（確認）：	自分の価値観に合い有益であるかどうかを確認。
P	participate（参加）：	商品購入前後に企業の販促活動に参加（いいね!）。
S	share & spread（共有・拡散）：	参加した消費者の知人へ共有・拡散。

挙げられる。[6]

　さらに，電通（2015）はコンテンツ発見時代の消費者行動モデルとして，「DECAX（デキャックス）」というモデルを提唱した。図表3-10は「DECAX」モデルというコンテンツ発見時代の購買意思決定プロセスを示している。

　「DECAX」モデルは，ネットやSNS上での検索という消費者側の能動的な行動によって，自分の興味のある情報を発信しているサイトを「発見（discovery）」することから始まる。次の段階では，関連記事を読んで，リツイートやいいね！などのフォローをしたり，メールマガジンに登録をしたりして「関係（engage）」を深めていく。次の段階では，理性的態度でコンテンツの信憑性やフェイクニュースなのかどうかを「確認（check）」する。次に，消費者は気に入った商品やサービスを購買意思決定する（action）。最後の段階では，購入した商品やサービスを体験し，その情報をSNSや口コミサイトなどで「体験・共有（experience）」し，友人や知人，似た価値観の人々へと拡散していく。

　また「DECAX」モデルは，自ら関心や興味のあるコンテンツを能動的に発見するのが行動起点となっており，メディア側からの情報提供ではなく，ユーザー同士が情報（コンテンツ）を提供し，最新の有益な情報を共感・共有するのが特徴である。[7]

　上記の「AIDMA」モデルは，「マスメディア時代」の消費者の購買意思決定プロセスであり，「AISAS」モデルは，「インターネット時代」の消費者の

図表3-10　コンテンツ発見時代の購買意思決定プロセス（DECAXモデル）

D	discovery： （発見）	消費者が自身の好奇心や関心に基づいてコンテンツを発見する。
E	engage： （関係）	消費者がそのWebサイトのコンテンツとの関係性を深める。
C	check： （確認）	消費者が理性的態度で商品やサービスを確認や注意する。
A	action： （購買）	消費者が商品やサービスの購買意思決定をする。
X	experience： （体験と共有）	消費者が商品やサービスを体験して情報共有する。

購買意思決定プロセスである。そして「SIPS」モデルは，「ソーシャルメディア時代」の生活者の購買意思決定プロセスである。最後の「DECAX」モデルは，「コンテンツ発見時代」の消費者の購買意思決定プロセスである。

　各モデルはそれぞれの異なる特性を持っているが，「SIPS」モデルを提唱した電通コミュニケーション・デザイン・センターでのリーダーの佐藤（2011）は，各モデル（AIDMA，AISAS，SIPS）はネット時代であっても併存して説明力を発揮するという。ネットを利用しない消費者は「AIDMA」モデルで説明できるし，ネットを利用する消費者でも日頃から購入している馴染みのある商品の場合はいちいち検索して購入することもないので「AIDMA」モデルで説明できる。ノートパソコンや車といった高価格の商品や高関与商品の場合は「AISAS」モデルを活用できる。ネットをよく利用する消費者にとっては友人や知人の勧める商品に共感を覚えて行動するケースが多いため，「SIPS」モデルで説明がしやすくなると指摘している[8]。

　またある特定の商品やサービスに関心や興味のある消費者は，自ら能動的にコンテンツを発見して，そのコンテンツの提供者との関係性を構築し，情報をチェックした上で，購入，体験，共有するといった「DECAX」モデルで説明できる。図表3-11は，時代とともに変化する消費者の購買意思決定モデルを示してある。

　いずれにしても，各モデルは今の時代だけではなく，これからの時代でも，効率的かつ効果的に使えるモデルであることには疑問の余地はない。

図表3-11　時代とともに変化する消費者の購買意思決定モデル

「マスメディア時代」の消費者の購買意思決定プロセス（AIDMAモデル）

「インターネット時代」の消費者の購買意思決定プロセス（AISASモデル）

「ソーシャルメディア時代」の消費者の購買意思決定プロセス（SIPSモデル）

「コンテンツ発見時代」の消費者の購買意思決定プロセス（DECAXモデル）

3 購買後行動

　消費者の購買後行動においては，使用，評価，ある場合は満足，リピーター，肯定的なクチコミ，そして顧客ロイヤリティなどの満足に関する消費者の反応を含む，多くの過程が購入後に行われる。一方，評価が不満足の場合，顧客ロイヤリティを低下させ，ブランドのスイッチング，否定的なクチコミをもたらす。

　マザーズボーとホーキンズ（Mothersbaugh & Hawkins, 2016）は，消費者の購買後行動プロセスを図表3-12のように整理している[9]。

図表3-12　消費者の購買後行動プロセス

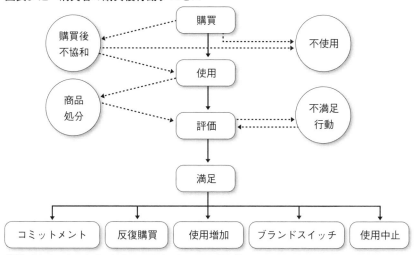

出所：Mothersbaugh, David L., and Del I. Hawkins（2016）*Consumer Behavior: Building Marketing Strategy*, 13th ed., McGraw Hill, p.622.

1　購買後不協和

　消費者は，購入した商品について使用前に購買後不協和として知られている疑問や不安を感じることがある。

　例えば，ある消費者が以前購入したソファーよりも，現在使用しているソファーの方がはるかに良いと感じているとしよう。しかし，その消費者はより長い時間をかけたら，より正確にもっと良いものを購入できたかもしれないと思っている。他の人はその消費者が購入した価格でその製品を購入することができないので，その消費者は価格に満足している。しかし，いつの日かその消費者はもう少しお金を出して，多少異なるものを買うことを望んでいると仮定しよう。

　これは，比較的長い時間をかけて購買意思決定をした後の一般的な消費者の反応である。このような形態の懐疑や不安は購買後不協和（postpurchase dissonance）と呼ばれる。購入後，消費者は不協和を減らすために以下のアプローチを使用することができる。

①購入したブランドの長所を増やす。
②購入してないブランドの長所を減らす。
③購入の意思決定の重要性を下げる。
④購入意思決定を取り消す（使用前に製品を返却する）。

　消費者は再評価の過程で，多くの場合，自分が行った購入について自分の知恵を確証してくれる情報を探し，これをよく受容するため，広告や販売に続くアフターフォローは，購入後不協和の低下に大きな影響を与えている。したがって，ダイレクトメール，フォローアップの電話，Ｅメールなどはすべて有効である。このようなコミュニケーションは不協和を減らし，顧客満足度を向上させる取り組みとして非常に有益である。

2　製品使用と不使用

(1)　製品使用
　消費者は，図表3-12に示すように購入後不協和が発生しても，一般的に製品を使用することが多い。マーケターは，消費者が様々な理由で製品をどのように使用しているかを理解する必要がある。製品が使用されている機能的な方法と象徴的な方法を理解することは，より効果的な製品の設計やマーケティングキャンペーンをもたらすことができる。
　使用革新性（use innovativeness）とは，消費者が製品を新しい方法で利用することをいう。自社製品の新しい用途を発見したマーケターは，売上を大幅に拡大することができる。

(2)　製品不使用
　図表3-12が示すように，購入後，すべての製品が使用または消費されるとは限らない。製品の不使用は，消費者が使用していない，または潜在的な使用機会のために購入した製品を使用しないときに発生する。
　多くの製品とサービスの場合，購入と消費の決定は同時に行われる。レストランで食事を注文した人は，その時点で料理を食べることを決めたのであ

る。しかし，スーパーマーケットで購入を決定した食品は，その食品を準備して消費するまでに2回目の決定を必要とする。その2回目の決定は，最初の環境とは異なる環境で行われる。したがって，製品を使用していない場合は，購入と潜在的な使用機会との間で状況または消費者が変化するため，不使用の状態が続く可能性がある。例えば，スポーツセンターの会員になったが，運動しにスポーツセンターに行くことができなかったなどが挙げられる。

3　処分

　製品または製品の容器の処分は，製品の使用前，間または後に発生する。またアイスクリームコーンのように完全に消費される製品においては，処分を必要としない。いずれにしても，マーケターは使用された製品の処分に関心を持っている。その理由は，処分の決定は，環境の質と現在及び将来の世代の生活に累積的な影響を与えるからである。しかしながら，短期的な経済的理由もある。処分の決定は，処分を行う人とその製品カテゴリーの市場にいる他の人にも影響を与える。

　処分決定が企業のマーケティング戦略に影響を及ぼす3つの主要な理由がある。

(1)　処分は，時折スペースまたは財務的限界のために代替品の購入前に行う。例えば，保管スペースの足りないマンションに住んでいる家族は，新しいベッドを購入する前に，既存のベッドを処分することが必要であると考えている。または一部の人は，新しい自転車を購入するための追加資金を調達するために，現在の自転車を売らなければならない。したがって，消費者の処分過程を助けることがメーカーと消費者に利益になる。例えば，通販のジャパネットのテレビやエアコンなどの下取りサービスが挙げられる。

(2)　使用済み製品を販売，下取り，または譲渡する消費者の頻繁な決定は，大規模な中古市場を生み出し，新製品の市場が縮小する可能性がある。消費者同士の販売（consumer-to-consumer sale）は，消費者が他の消費者に直接，すなわち商業ブローカーの助けなしで販売するときに発生する。例えば，ヤフーオークションサイトやメルカリのような企業が中古品を売買す

る消費者の需要のために成長している。

(3) 環境的に配慮した健全な処分の決定は，全体的に社会や社会の一部である企業に役立つ。企業の経営者と従業員は，多くの消費者と同じ社会に住みながら仕事をしている。自分の環境と生活は，消費者の処分決定に影響を受ける。したがって，適切な処分の決定を促進する製品，プログラムなどを開発することが彼らの最大の関心事である。

4 購買評価と顧客満足と不満足

(1) 評価過程と顧客満足

　図表3-12に示したように，顧客の購買評価は，購買プロセス，購買後不協和，製品の使用，及び製品や包装の廃棄によって影響を受けている。また，小売店や製品，またはその両方が評価に含まれることもある。消費者は，情報の利用可能性から価格，小売店のサービス，製品の成果に至るまで購入の各側面を評価する。さらに，製品自体のような1つの要素に対する満足は，販売員のような他の要素などに対する満足水準に影響を受ける可能性がある[11]。

　消費者は製品，ブランド，小売店などを利用する間または後に成果レベルを知覚する。知覚された成果レベルは著しく期待以上であるか，著しく期待以下であるか，または期待と同じかである。一般的に顧客が購入する前の期待に比べ成果がより大きければ大きいほど，あるいは等しければ顧客は満足を得ることができる。

(2) 不満足

　図表3-13は，不満のある消費者が利用できる主な選択肢を示している。最初の決定は，外的な行動をとるのか，否かである。何もしない場合は，その消費者は不満足な製品をそのまま持つという決定をしたことになる。外的な行動をしていなくても，消費者は店やブランドに対してあまり好まないという態度をとる可能性が高いことに注意しなければならない。

　不満に対して行動をとる消費者は，一般的に5つの選択肢のいずれかまたはそれ以上を要求する。図表3-13が示すように，企業の観点から最も有利な

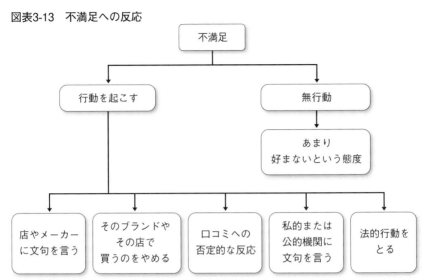

図表3-13　不満足への反応

```
                        ┌──────────┐
                        │  不満足  │
                        └──────────┘
              ┌───────────────┴───────────────┐
        ┌───────────┐                   ┌──────────┐
        │ 行動を起こす │                   │  無行動  │
        └───────────┘                   └──────────┘
                                              │
                                        ┌──────────────┐
                                        │    あまり    │
                                        │ 好まないという態度 │
                                        └──────────────┘
```

| 店やメーカーに文句を言う | そのブランドやその店で買うのをやめる | 口コミへの否定的な反応 | 私的または公的機関に文句を言う | 法的行動をとる |

出所：Mothersbaugh, David L., and Del I. Hawkins（2016）*Consumer Behavior: Building Marketing Strategy*, 13th ed., McGraw Hill, p.633.

選択肢は，消費者が企業に文句を言うことである。これは，少なくとも，企業がその問題を解決する機会を与えてくれる。しかし，多くの消費者は，企業に文句を言わずに代わりにブランドスイッチングまたは口コミへの否定的な反応などの行動をとっている。

　マーケターは，消費者の不満を最小限にするか，不満が発生したときに効果的に解決できるように努力しなければならない。またマーケターは，消費者が口コミへの否定的な反応やブランドスイッチングをする前に，企業に苦情をいう機会を最大化するように努力する必要がある。タイムリーかつ効果的な方法で消費者の苦情を処理することが，顧客満足度向上の最大ポイントとなる[12]。

コラム2 ▶ 消費者がサービス・プロバイダを変更する理由

消費者にとっては，成果への期待と実際の成果が評価の過程で重要な要因であるため，製品とサービスの成果の次元を理解する必要がある。

多くの消費者は，サービス・プロバイダに満足すると，競争相手がより良いサービスを提供するとしてもサービス・プロバイダを変更しない。その代わりに，消費者は現在のサービス・プロバイダに問題があると知覚すると変更をすることが多い。消費者がサービス・プロバイダを変更した理由として，以下の項目（％）が挙げられる（複数回答可）。

- コアサービスの失敗（44％）：ミス（窓側の席を要請したが，通路側の席で予約してある）。請求ミス，顧客に害を及ぼすサービスの大惨事（例：ドライクリーニング業者が消費者のウェディングドレスを台無しにした）。
- サービス接触の失敗（34％）：サービスを提供する立場の従業員が働くことに意欲的でなかったり，顧客に失礼な態度をとったり，業務に関する専門知識を身につけていなかったりする。
- 価格（30％）：高価格，価格の上昇，公正でない価格設定，ぼったくり価格。
- 不便（21％）：不便な位置，営業時間，サービスと予約の待ち時間。
- サービスの失敗に対する反応（17％）：消極的な反応，反応しない，否定的な反応（それはあなたが間違っている）
- 競合他社の魅力（10％）：より個性的かつ信頼性があり，より高品質かつ良い価値。
- 倫理的な問題（7％）：不誠実な行為，脅迫的な行為，安全でないか，または不衛生な習慣，利益相反。
- 不本意のスイッチング（6％）：サービス・プロバイダまたは顧客の引っ越し，保険会社などの第三者の支払人が変更を求める。

出 所：Mothersbaugh, David L., and Del I. Hawkins (2016) *Consumer Behavior: Building Marketing Strategy*, 13th ed., McGraw Hill, pp.631-632.

〈演習問題〉

(1) 消費者の購買意思決定モデル（AIDMA，AISAS，SIPS，DECAX）を用いて，どのように消費者行動が変化したのか，それぞれの違いについて考えてみよう。

(2) 最近購入した最も高いブランド品を取り上げ，どのような属性を考慮し，どのような意思決定ルールが使われていたかを考えてみよう。

(3) 購入と消費との違いは何か。何が購入後不協和を引き起こし，消費者は典型的な行動としてどのように反応するのかについて考えてみよう。

注）

1）Kotler, Philip, and Gart Armstrong（1997）*Marketing: Introduction*, 4th ed., Prentice Hall.（恩藏直人監修・月谷真紀訳（1999）『コトラーのマーケティング入門 第4版』ピアソン・エデュケーション，pp.6-9）

2）Maslow, A. H.（1954）*Motivation and Personality*, Harper & Row, pp.80-106.

3）Mothersbaugh, David L., and Del I. Hawkins（2016）*Consumer Behavior: Building Marketing Strategy*, 13th ed., McGraw Hill, pp.524-525.

4）Solomon, M. R.（2011）*Consumer Behavior: Buying, Having, and Being, Global Edition*, 9th ed., Pearson, pp.337-339.

5）沼上幹（2003）『わかりやすいマーケティング戦略』有斐閣アルマ，pp.72-74。

6）秋山隆平，杉山恒太郎（2004年）『ホリスティック・コミュニケーション』宣伝会議新社。電通（http://www.dentsu.co.jp/news/release/pdf-cms/2011009-0131.pdf# 2019年5月12日にアクセス）。

7）電通報（https://dentsu-ho.com/articles/3447/ 2019年6月7日にアクセス）。

8）以下の文献を参考にした。田口冬樹（2017）『マーケティング・マインドとイノベーション』白桃書房，pp.94-100。佐藤尚之（2011）『明日のコミュニケーション「関与する生活者」に愛される方法』アスキー・メディアワークス，pp.148-156。

9）Mothersbaugh, David L., and Del I. Hawkins（2016）*op. cit.*, pp.621-645.

10）*Ibid.*, p.622.

11）詳しくは以下の文献を参照されたい。Goff, B. G., J. S. Boles, D. N. Bellenger, and C. Stojack（1997）"The Influence of Salesperson Selling Behaviors on Customer Satisfaction with Products," *Journal of Retailing*, 73（2），pp.171-183.

12）Mothersbaugh, David L., and Del I. Hawkins（2016）*op. cit.*, pp.633-634.

第II部

応用理論編

第4章 消費者行動と認知的行動

学習の要点

①消費者情報処理の概念モデルについて理解する。

②知識構造の代表的なものである，スキーマ，スクリプト，連想（意味）ネットワークについて学習する。

③学習の4つの要素（動機，きっかけ刺激，反応，強化）とその重要性について学習する。

④古典的条件づけの理論とオペラント（道具的）条件づけの理論について理解する。

⑤認知学習理論と行動学習理論との相違点について理解する。

キーワード

・認知
・認知的行動
・消費者情報処理プロセス
・短期記憶
・長期記憶
・スキーマ
・スクリプト
・連想（意味）ネットワーク
・認知学習理論
・行動学習理論

1 認知とは

　消費者は，毎日いろいろな刺激情報（商品，ブランド，サービス，価格，広告，コミュニケーション活動，イベントなど）に触れて，その経験を記憶に取り入れ，またそれをさらに次の消費活動に活かしている。こうした行動から記憶に至る過程で，消費者は自分が触れる商品やサービス，またコミュニケーション活動に意味づけをし，知識という形で記憶として保持する。こうした心理活動全体を「認知（cognition）」と呼んでいる[1]。

　一方，技能学習の段階において，学習者は，まず課題についての知識を得ることから始める。スポーツの練習で，初心者の場合，教示を受けたり，実際にインストラクターの動作などを見たりして，はじめにそのスポーツについて予備的知識を得る。例えば，スノーボードの滑り方として，どのように乗り，曲がり，止まるかというような基本的な知識を得ることが「認知」である[2]。

　こうして考えると，認知は外部の刺激情報からの受動的な認知と自ら進んで情報を探索・解釈する能動的な認知に分けられる。

　また，刺激情報は，比較的に長い神経回路を通過するとき，過去の保持された情報と照らし合わせたり，情報の新しい組み替えを行ったり，といった複雑な情報処理がなされる。とりわけ記憶や思考を含む行動がその例であり，こうした行動は情報処理過程である認知の動きが関係していることから，「認知的行動」と呼ばれる。この場合，①刺激情報とそれに対する反応との関係がいつも一定しているとは限らない。②刺激に対してすぐに反応が生じるとは限らない。③反応にとって適切な時期が来るまで情報を保持して待機することもある。④刺激情報に対して，その保持や組み替えを行った後に，それを知識として蓄えておくようなこともある[3]。

　いずれにせよ，外部からの刺激情報はどのように処理されるのか。その刺激情報はどのように記憶に残され，どのような構造の知識になるのか。まずは認知的行動における情報処理から検討してみよう。

図表4-1　消費者情報処理の概念モデル

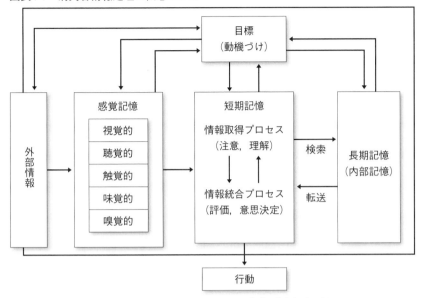

出所：阿部周造（1984）「消費者情報処理理論」中西正雄編著『消費者行動分析のニュー・フロンティ
　　　ア─多属性分析を中心に─』誠文堂新光社，p.122をもとに一部修正。

2 消費者情報処理プロセス

　図表4-1は，消費者を情報処理係として捉えるもので，シフリンとアトキン
ソン（Shiffrin and Atkinson, 1969）を参考に阿部（1984）が描いた消費者情
報処理の基本構図である。本構図は，まずインプットされる「外部情報（ブ
ランド，価格，サービス，広告など）」が最終的にアウトプットとしての行
動（銘柄や店舗の選択，購入など）にどのように結び付いていくかを，情報
処理メカニズムを通して解釈しようとするものである[4]。
　すなわちこのモデルは，外部情報は五感（視覚，聴覚，触覚，味覚，嗅覚）
である「感覚記憶」を経由して「短期記憶」に転送され，一方内部情報から
自らの記憶「長期記憶（経験・知識など）」を取り出し，短期記憶に転送する。

また，情報処理プロセスを管理する「動機づけである目標」に重要な役割が与えられている。そして，作業記憶である短期記憶では，「情報取得プロセス」と「情報統合プロセス」に大別され，前者では追加情報の探索や取得が行われ，そして後者では個々の情報の統合と評価や判断といった意思決定が行われている。さらに，一連の情報処理活動の結果は，長期記憶内に保持される。

この情報処理行動には，人間の記憶機能が果たす役割と能動的な情報処理を行う特性が組み込まれている。とりわけ，一時的な作業領域としての「短期記憶」は容量の限界があるが，大量情報の永続的保管庫としての「長期記憶」は容量には限界がなく，そこに貯蔵される内部情報（知識）の度合いによって，消費者行動に個人差が生まれるのである。

こうして消費者情報処理の概念モデルの全体図を通して，情報処理行動を考えると，消費者の情報処理のなかで何がどのように変化すれば，消費者は自社の製品やサービスを選択するだろうか。とりわけ記憶に関心が寄せられる。

3 消費者の記憶

「今年のゴールデンウィークには何をしましたか」と聞かれたとき，または少し前に紹介された人の名前を言おうとするときのことを考えてみよう。すぐに思い出せる場合もあれば，そうではない場合もある。あるいは思い出したつもりが間違っていたという場合もあるかもしれない。なぜ，こうしたことが起こるのであろうか。我々の記憶は，どのような仕組みをしていて，どのように働いているのか。

1 記憶過程

　記憶には，記銘（覚える），保持（覚えている），検索（想起または覚えていることを思い出す）の３つの段階があると考えられている。

　第１段階の記銘（memorization）では，経験したことが記憶として取り込まれる段階であり，情報を記憶に保持するときの過程で外部の刺激が持つ情報を人間の内部の記憶に取り込める形に変換するということなので，符号化（encoding）とも呼ばれる。

　第２段階の保持（retention）では，入力された情報が記憶に保存されており，外には表れない。

　第３段階の検索（retrieval）では，保持されていた記憶が検索され，記銘された元の情報に直され，想起できるならば，保持されていたと判断される。

2 記憶の構造と機能

　記憶の仕組みとその働きに関して，いろいろなモデルが示唆されているが，その１つに多段階モデルがある[5]（図表4-2参照）。

(1) 感覚記憶（sensory information storage: SIS)
　感覚記憶には外部からの刺激によって，非常に多くの情報が入ってくる。

図表4-2　記憶の多段階モデル

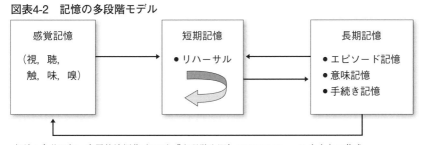

出所：今井四郎・大黒静治編著（1991）『心理学入門』アカデミア，p.81をもとに作成。

これらの情報は，ごく短時間だけ感覚（視覚，聴覚，触覚，味覚，嗅覚）レジスターに留まるが，刺激がなくなれば約1秒以内に消えてしまう。例えば，初めて会った人の顔，スーパーで流れる音楽，ある料理の味や匂いなどの各種の記憶である。

(2) 短期記憶（short-term memory: STM）

　感覚記憶から注意された情報だけが記憶に取り込まれる。短期記憶に入力された情報は，そのままでは20秒ほどで消失する[6]（図表4-3参照）。すなわち，忘却される（記憶されていたことが，想起できなくなる）。はじめて見た7桁の電話番号をダイヤルするまでのあいだ覚えているような場合がその例である。ただ，意識的に，あるいは，無意識的に，繰り返しリハーサル（復唱）をしている間は保存される。このときのリハーサルを「維持リハーサル」と呼ぶ。短期記憶では，リハーサルによって記憶が維持されるが，それができないと短時間で記憶が失われる。

　短期記憶の重要な特徴は，その容量に限度があるという点である。ミラー（Miller, 1956）は，短期記憶の容量は7±2個と示した[7]。健常な成人の記憶範囲（正しく再生できる個数）は7項目前後が限界とされている。一方，1つのまとまりをなしているものは，1個の単位として取り扱うことができる。このようなまとまりをチャンク（かたまりの意）と名づけた。もし，多くの情報を効率よくチャンク化して取り扱えるのであれば，短期記憶で扱える情報の量を増やすことができる。例えば，3152083314106は，数字単位では13チャンクであるが，これを「最後に（3152）」，「お休み（0833）」，「愛してる（14106）」という3文字の単語として捉えれば3チャンクとなり，容易に覚えられる。

　外部から短期記憶に入ってきた情報は，リハーサルによって維持されているが，そのあいだに，あるものは長期記憶に組み込まれる。その他のものは，そのうちに短期記憶から消えてしまう。一方，多くの心的活動では，処理の途中の情報や長期記憶から取り出した情報を一時的に蓄えておく必要がある。例えば，計算の途中の数値や複雑な文章を読んでいることに関連した情報などである。このような記憶の機能は作業記憶（または作動記憶）と呼ばれて

図表4-3　短期記憶の保持曲線

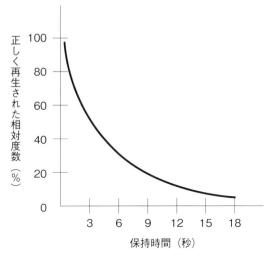

出所：Peterson, L. R., and Peterson, M. J.（1959）"Short Term Retention of Individual Verbal Items," *Journal of Experimental Psychology,* 58, p.195.

いる。

(3) 長期記憶（long-term memory）

　短期記憶から転送された情報が長期にわたって保持される記憶である。長期記憶の容量は極めて大きく，ここに入力された情報は，長い期間，場合によっては一生の間覚えている。短期記憶には情報をとどめておくだけの効果しかない「維持リハーサル」があるが，長期記憶には情報を貯蔵するように働く「精緻化リハーサル」がある。その精緻化リハーサルは，情報の意味を解釈したり，他の情報と関連づけたりして作業を行う。

　そこで，タルビング（Tulving, 1983）は，長期記憶に貯蔵される記憶内容を「エピソード記憶（episodic memory）」，「意味記憶（semantic memory）」，「手続き記憶（procedural memory）」の３種類に分けられると指摘している[8]。

　第１のエピソード（出来事）記憶は個人的な経験の記憶で，例えば，「昨年の冬休みに友人と長野にスノーボードに行った」，「高校生のときに書道で賞をもらった」など，体験した時や場所が特定できるような種類の記憶である。

第2の意味（事実）記憶は一般的な知識の記憶で，例えば，われわれは「スノーボード板とはどのような形をしていてどのような用途を持っているか」，「スポーツとしてのスノーボードの特徴」などについて，他人に説明できる。または単語の意味，文法の知識，数学や歴史に関する知識など一般的知識の記憶である。

　第3の手続き記憶は技術としての記憶で，例えばスノーボードについて言葉で説明できるような知識，技能の習得とその経験の保持である。また17の二乗をどのようにして計算するか，などの演算の仕方や運転の仕方などが挙げられる。

　消費者の長期記憶の中には，記憶にあるかどうか意識されない，気がついていないのに現在の行動やものの考え方に影響を与えているものがある。こうした記憶を「潜在記憶」と呼ぶ。一方，意味記憶やエピソードのような記憶は，意識的に想起できる事実や出来事を伴うため，「顕在記憶」と呼ぶ[9]。上記の3つの記憶の中で，消費者の購買意思決定と密接にかかわっている長期記憶の知識について考えてみよう。

4 消費者の知識

　外部情報（刺激）は，内部情報である既存の知識（長期記憶）を利用した意味づけや解釈が行われ，新たな内部情報（知識）へと変換される。

　消費者の購買意思決定において，長期記憶の中に保持されている知識の内容は極めて重要な役割を果たしており，そして保持されている知識によって消費者の意思決定は大きく左右される。消費者の長期記憶について知識構造といった側面からの究明が求められる。

　ここでは，知識構造の代表的なものとして3つを取り上げ，概観したい。

1 スキーマ（schema）

　消費者は日常生活のなかで習得した情報や新奇な情報を取り入れたとき，それらを新たな経験としてではなく，既存の知識の枠組みと照らして理解し，予測や推論をしようとする傾向がある。このような定型的な認知の枠組みをスキーマと呼ぶ[10]。スキーマは，消費者が意思決定するときに活性化され，消費者の活動を方向づける。例えば，外食での焼肉スキーマを考えてみると，「カルビやホルモン」，「いろいろなお肉が食べられる」，「焼肉にはビールが美味しい」，「焼肉にはお金がかかる」という事実が活性化される。

2 スクリプト（script）

　シャンクとアベルソン（Schank and Abelson, 1977）は，日常的に決まりきった行動や出来事の系列の知識を，演劇の台本になぞらえて「スクリプト」と名づけた。消費者が効率的にショッピングするためにはスクリプトが必要である。新しい形態の小売業が直面している課題のうちの1つは，新しい方法でアイテムを取得するのに適切なスクリプトを，消費者に学習させることである。これはインターネットを通して商品を販売しようとする企業が直面する課題でもある[11]。もう1つの例は，レストランでの食事のスクリプトである。席に案内してもらう⇒メニューをみる⇒料理を注文する⇒席で勘定を払う，またはレジで勘定を払う，という食事のスクリプトなどによって消費者の行動を予測することができる。

3 連想（意味）ネットワーク　（associative or semantic networks）

　連想（意味）記憶における知識構造は，ある対象（事象）に対する知識間の関係をネットワーク構造で示したものである。個々の知識（ノード：node）は，ネットワーク上で表され，知識間の関係はリンクによって表現される。リンクの先には属性や概念が付与されている[12]。

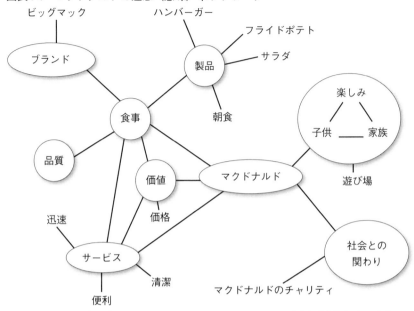

出所：Aaker, D.A.（1996）*Building Strong Brands*, The Free Press.（陶山計介他訳（1997）『ブランド優位の戦略』ダイヤモンド社, p.119）

　上記の３つの知識構造のなかで，製品やブランド知識に関連するものとして連想（意味）ネットワークを取り上げ，その概念と事例を用いてその構造を検討する。

　消費者行動研究においては，ブランド・イメージの構造を連想（意味）ネットワークの形式で表現する方法が，多く見られている。記憶をノードと連結したリンクのネットワークから構成されるものと捉えている。ノードとは蓄積した情報や概念を表し，リンクとはこの情報や概念間の連想の強さを表している（関係が強いほどリンクは短い）。連想（意味）ネットワークでは，情報の想起や検索は拡散的活性化と呼ばれる概念を通じて生じる。

　活性化されている認知要素は，ブランドそのものや広告あるいは競合ブランドとの関連から，直接的に外部情報としてインプットされる場合と，内部情報としてすでに記憶内に有しているものが当該ブランドと関連して想定さ

れる場合とがある。[13]

　例えば，「マクドナルド」に注意が向けられ活性化が起こると，それはリンクに伝わって，「価値」，「食事」，「サービス」などの属性概念に拡散していく。すなわち，ネットワーク上を連想が拡がっていくのである。このマクドナルドの連想ネットワークを示したのが，図表4-4である。

コラム１▶ブランド知識構造

図表4-5　ブランド知識構造

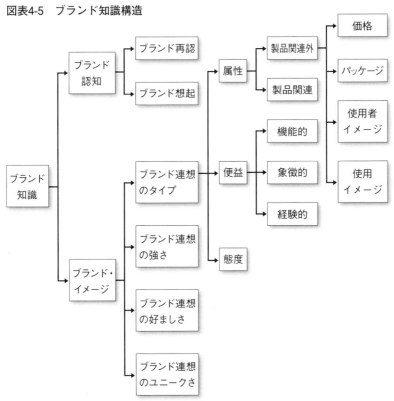

出所：Keller, K. L. (1998) *Strategic Brand Management: Building, Measuring, and Managing Brand Equity*, Prentice-Hall.（恩蔵直人・亀井昭宏訳（2000）『戦略的ブランド・マネジメント』ダイヤモンド社，p.132）

ブランド知識構造の代表的な論者はケラー（Keller, 1998）であるが，ケラーは記憶の連想ネットワーク・モデルに依拠する形で，ブランド知識を「ブランド認知」と「ブランド・イメージ」に大別し，その構造と内容を検討している。

　まず，「ブランド認知」とは，様々な状況下で消費者が当該ブランドを識別する能力を表すものであり，「ブランド再認」と「ブランド想起（再生）」から成り立っている。

　前者は，手がかりとしてあるブランドが与えられたとき，過去に当該ブランドに接したかどうかを確認できる消費者の能力である。後者は，ブランドが提示されなくても，消費者が当該ブランドを記憶から呼び起こす能力である。この「ブランド再認」と「ブランド想起」のどちらが企業にとって望ましいであろうか。それはあるブランドが提示されて思い出す「ブランド再認」ではなく，何も手がかりになるブランドを提示されなくても思い浮かべられる「ブランド想起」の方である。

　一方，「ブランド・イメージ」とは，消費者の記憶内にあるブランド連想の反映としての知覚である。これは消費者の知覚であることから，消費者によってかなり異なる点がある。これは4つに大別され，ブランドと個々の認知要素との関係を示す「ブランド連想タイプ」とそのあり方として「ブランド連想の強さ」，「ブランド連想の好ましさ」，「ブランド連想のユニークさ」に分類される。また，ポジティブなブランド・イメージを創出するには，消費者の記憶に強く，好ましく，ユニークなブランド連想を形成するマーケティング・プログラムが必要である。

　「ブランド連想のタイプ」には，抽象化の水準（高・低）によって「属性」，「便益」，「態度」といった3つのタイプに分けられる。すなわち，「属性」とは，製品やサービスを特徴づけている記述的特性であり，製品関連（製品またはサービスが機能を発揮する上で必要となる成分で，例えば，性質のレベル等）と製品非関連（購買や消費に何らかの点で影響を与えるもので，例えば，価格，使用イメージと使用者イメージ等）である。「便益」とは，製品やサービスの属性に消費者が付与する個人的な価値や意味のことで，①機能：製品やサービスの消費における内在的な利便性，②象徴：製品やサービスの消費における外在的な利便性，③経験：製品やサービスの使用を通じて感じる便益であり，「態度」とは消費者のブランドに対する全体的な評価であり，好きか嫌いか，良いか悪いかのことである。以上のブランド知識構造を示したのが図表4-5である。

5 消費者の学習

1 学習とは

　学習とは，消費者行動の文脈では個人が購買や消費のために知識を習得する過程であり，その知識を将来にかかわる行動に適用する経験である。したがって，消費者の学習とは，消費者が経験して観察し，他の人との相互作用で知識を獲得して，新たに獲得した知識は，将来の行動に影響を与える変化と進化の過程とすることができる。学習は動機，きっかけ刺激，反応，そして強化といった4つの要素で構成される。[14]

(1) 動機 (motives)

　消費者の動機を明らかにすることは，その製品やブランドを購入すると，欲求を満たすことができるということを消費者に学習させようとするマーケターの最も重要な目的である。満たされていないニーズは，学習を促進する動機づけになる。例えば，健康と娯楽のために自転車に乗りたい人は，自転車についてできるだけ多くのことを学びたくなるし，暇があるたびに頻繁に練習しようとする動機が生じる。

(2) きっかけ刺激 (cues)

　きっかけ刺激は，行動を直接誘発する刺激である。例えば，自転車旅行が含まれている異国情緒あふれる旅行広告は，自転車を楽しんで乗る人に突然の休暇が「必要」であることを「認知」させるきっかけ刺激の役割をする。その広告は，発現された動機を満足させる特定の方法を提供するきっかけ刺激である。マーケティングでは，価格，スタイル，パッケージ，広告，そして店頭ディスプレイが活用される。

(3) 反応 (responses)

　学習の文脈での反応は，動機やきっかけ刺激に対する個人反応である。実

際にニーズと動機は，非常に様々な反応を引き起こす。例えば，自転車に乗ること以外にも，運動のためのニーズに対応する多くの方法がある。きっかけ刺激は，反応を誘発する特定の方向性を提供するが，様々なきっかけ刺激が消費者の注目を集めるために競争する。消費者の反応は，以前の学習に大きく依存することもあり，この場合，関連する反応は強化される。

(4) 強化 (reinforcement)

　強化は，製品またはサービスを購入して使用した後，消費者が受け取る喜び，楽しさ，そして利益のような補償を意味する。消費者に継続的に肯定的な評価を受ける製品やサービスを提供して，将来の購入を強化することは，マーケターにとって大きな課題である。

　例えば，ある人がレストランに初めて訪問したが，料理，サービス，雰囲気のすべてに満足して支払った料金分の価値を得たと感じた場合は，その消費者は再びそのレストランに訪問したいという強化がなされるだろう。そして，その人が持続的に訪問する顧客になった場合，レストランのオーナーは，無料の飲み物を提供したり，顧客の名前を覚えたりする方法を通して継続的に顧客の愛顧を強化しなければならない。

コラム2 ▶ P&Gのファブリーズ

図表4-6　P&Gのファブリーズの市場導入の失敗と成功

学習の4つの要素に反する製品を市場導入	学習の要素と一致する製品を市場導入
P&Gは，服と家の臭いを除去するために色のないスプレー製品ファブリーズを市場導入。	P&Gは，主婦たちが寝具をきれいにしてから最後の仕上げとしてファブリーズを振りかけることを観察する（すでに清掃を済ませ，部屋が清潔にもかかわらず，何の理由もなく，そのような行動を見せる）。
P&Gは，人々がよくない臭いがする環境を不快と思い，これを解決するための欲求を持っていると考える。	P&Gは，学習要素に基づいて，主婦の行動を観察し，分析する。
タバコの臭いやペットの臭いなどよくない臭いと一緒に生活している人々は，そのような臭いをよくない臭いと認知できず，ファブリーズを購入していない。	「動機」と「きっかけ刺激」：主婦が汚い部屋に入る。
	反応（学習された日常）：お手入れ。
P&Gは，消費者に新しい消費者行動を学習させようと努力したが，主要なターゲットがよくない臭いを認知できず，学習の要素の「きっかけ刺激」を提示できなかった。	「強化」：主婦はきれいな部屋にファブリーズを振りかけて香りを嗅ぐ。主婦は清掃がきれいに終わったと感じている。ファブリーズを振りかけることは掃除が上手だったという報酬として作用して，今後の掃除する際にも使用することになる。
市場導入に失敗	市場導入に成功

図表4-6は，P&Gが悪い臭いを除去するファブリーズを発売し，適用した学習の4つの要素を示している。学習の原理に従わないファブリーズの初期ポジショニングは，その効果は良くなかったが，その後，学習の原理と一致する方法で，リポジショニングすることによって売上が増加したのである。

出　所：Schiffman, Leon G., and Joseph L. Wisenblit (2015) *Consumer Behavior*, 11th ed., Pearson Education Limited, p.151をもとに作成。

....

2　学習理論

　シフマンとワイゼンブリット（Schiffman & Wisenblit, 2015）は，学習理論には「行動」と「認知」という視点の主要な学習理論がある[15]と示唆している。

(1)　行動学習理論

　行動は，環境の変化に柔軟に適応しながら絶えず変容している。こうした行動変容のベースには条件づけのプロセスがあると考えられている。その条件づけの代表的な理論には，古典的条件づけの理論とオペラント（道具的）条件づけの理論がある。

①古典的条件づけ理論（classical conditioning theory）

　ロシアの生理学者パヴロフ（Pavlov, 1902）は，条件反応の実験をはじめて行った。その実験手続きでは，まずパヴロフは当初イヌにベルの音の聴覚刺激を聞かせる。この刺激に対して唾液分泌は観察されない。少し時間をおいて，イヌに餌を与えれば唾液を分泌する。以後は，このイヌにベルの音を聞かせつつ，その間に餌を与える手続きを繰り返す。そうするとやがて，イヌは，ベルの音を聞いただけで唾液を分泌するようになる。音と唾液分泌活動との間に，以前には存在しなかった新たな連合が作られ，その結果，このような現象が生じたのである。このような手続きが古典的条件づけである。

　A：音は，はじめは唾液分泌を引き起こさないので，唾液分泌に対して無関係な「中性刺激」と呼ばれる。B：餌は口の中に入るといつも唾液分泌を引き起こすので，「無条件刺激」と呼ばれ，このときの唾液分泌は「無条件反応

図表4-7　古典的条件づけの理論

A：ベルを鳴らす　　　　　　⇒反応なし。最初のベル（中性刺激）

B：餌（無条件刺激）　　　　⇒唾液分泌（無条件反応）

C：ベルを鳴らす（中性刺激）⇒餌（無条件刺激）⇒唾液分泌（無条件反応），を繰り返す。

D：ベルを鳴らす（条件刺激）⇒唾液分泌（条件反応）

（与えられた環境に対する反応で自然的に引き起こされる刺激）」と呼ばれる。C：餌を与える前にベルを反復して鳴らし，その結果，唾液分泌反応を引き起こすようになったベルの音は「条件刺激（繰り返しの結果として，特定の事件や感情に関連づけられた刺激）」と呼ばれる。D：条件刺激により引き起こされた唾液分泌は「条件反応（条件刺激に対する反応）」と呼ばれる[16]（図表4-7参照）。

　人間の行動にパヴロフの理論を適用して次のような状況を考えてみよう。高校のときにあなたは毎週日曜日午後12時55分に母と一緒にいつも特定のテーマ音楽で始まる「新婚さんいらっしゃい♪」を視聴したとしましょう。そして数年後に，東京の大学に進学し，1人暮らしをした。新しい賃貸アパートで日曜日午後12時55分にあなたが好きな「新婚さんいらっしゃい♪」を観るためにテレビをつけたとき，そのテーマ音楽が流れると，あなたは即時にお母さんの顔を思い出し，「新婚さんいらっしゃい♪」を1人で視聴することに寂しさを感じるようになるだろう。今離れて暮らす母を考えたとき，悲しみを感じるのは自然な人間の反応である。これが「無条件刺激」である。あなたが母と「新婚さんいらっしゃい♪」を観る前までは，「新婚さんいらっしゃい♪」のテーマ音楽は，どのような行動や感情も誘発しない「中性刺激」であった。しかし，その後，それを1人で見たときに，同じ音楽が悲しい感情という特定の反応を誘発し，その音楽は「条件刺激」となった。この音楽をどこで聴いても悲しい感情を抱くのは「条件反応」である。

②オペラント（道具的）条件づけ理論

（operant or instrumental conditioning theory）

　古典的条件づけは，刺激により誘発される反応が対象であったが，行動の多くは刺激によって引き起こされるというよりも自発的に生じる。オペラント（道具的）条件づけは，動物や人間の自発的な反応とその結果生じる外部の事象との間の関係の学習である。

　オペラント条件づけの研究は，19世紀末，ソーンダイク（Thorndike, 1874-1949）によって行われたネコの問題箱の実験がそのはじめである。20世紀半ばになって，スキナー（Skinner, 1904-1990）によって，ネズミやハトを対象とするオペラント条件づけの組織的な実験的研究が行われるようになった。スキナーによって組織的研究された条件づけは，スキナー型とも呼ばれる。スキナー型は被験動物が自発的に行動する（operate）ことから，オペラント（operant）条件づけと呼ばれる。また，ネズミがレバーを押して餌をとるようになったのは，レバー押しの反応が，報酬を得るための道具（手段）として機能していることから，道具的条件づけとも呼ばれる。[17]

　オペラントの条件づけの先駆的な研究として，ソーンダイクの「問題箱」の実験について説明する。ソーンダイクは，仕掛けをはずさないと外へ出られない箱の中に空腹のネコを閉じ込め，外に餌を置き，ネコの脱出の過程を記録した。ネコは手当たりしだい周囲のものを引っ掻いたり噛んだりし，またわずかな隙間を強引に押し通ろうとする。その過程でたまたま紐や輪といった仕掛けを引っ掻き，外に出られる。やがてネコはまたこの箱に入れられる。この手続きを何度か繰り返しているうちに，ネコが脱出に要する時間も短くなる。ネコは試行錯誤しながら輪を引くという反応と，その結果として生じる餌にありつけるという事柄の関係を学習したのである。[18]

　例えば，いろいろな店を訪問した後，消費者はどの小売店が最も好ましいスタイルの衣類を手頃な価格で販売するかを知ることになる。一度消費者は，自分のニーズを満たす服を販売している店を見つけたら，他の店は排除して，その店を愛用することになるだろう。消費者は店頭で自分が本当に好きなシャツやセーターを購入するたびに，自分のロイヤルティの報酬を受けることになり（強化される），彼らは常連客になる可能性が高くなる。

図表4-8　道具的条件づけモデル

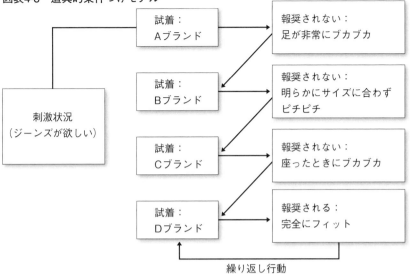

出所：Schiffman, Leon G., and Joseph L. Wisenblit（2015）*Consumer Behavior*, 11th ed., Pearson Education Limited, p.158.

　マーケティング文脈で，自分の体に合ったスタイルを発見する前に，いくつかのブランドと様々なスタイルのジーンズを試してみる消費者は，道具的学習を行っているのである。おそらく最もよく合うブランドをその消費者は引き続き購入することになるだろう[19]（図表4-8参照）。

(2)　認知学習理論

　認知学習は，認知はされたが，満たされていないニーズや未解決の問題を解決するために必要な情報を収集し，選択代替案を体系的に評価するプロセスである。刺激に対して本能的反応で行われる行動学習とは異なり，認知学習は，情報の意識処理と関連している。

　認知学習は，人々が目標を持って，意思決定と問題解決のための資料を探索し，処理するときに発生する。認知学習では，消費者が購買意思決定をするために，一連の複雑な精神的・行動的段階を通過する。これらのステップは，購入の選択肢に対する認知（情報公開）から可能な代案の評価や好み，様々

図表4-9 認知学習の反復

認知学習の 段階	態度の3要素 モデル	記憶の 3要素	イノベーション の採用	イノベーション の意思決定
知識	認知的	記銘	認識	知識
評価	感情的	保持	関心と評価	説得
行動	行動的	探索	試みと採用	意思決定と確認

出所：Schiffman, Leon G., and Joseph L. Wisenblit (2015) *Consumer Behavior*, 11th ed., Pearson Education Limited, p.165 をもとに作成。

図表4-10 認知学習理論と行動学習理論との相違点

学習理論	認知学習理論	行動学習理論
学習方法	情報処理プロセス	刺激と反応
観点	能動的	受動的
関与度	高関与	低関与
製品名	自動車，衣類，家具など	石鹸，歯磨き粉，洗剤など

な種類の製品の試用，購入または非購入決定（採用または拒否として表現された行動）までを含む。

　図表4-9のように，研究者は，逐次的情報処理及び認知学習を説明するいくつかのモデルを開発した。モデルは各段階を異なる用語で指すものの，本質的にすべてのモデルは，図表の左側の列に記載された3つのステップの順序に一般的に従っている。

　上記のように，学習の認知学習理論と行動学習理論は明らかに異なる。行動学習は，思考プロセスと消費者態度をほとんど強調しないため，消費者の認知行動がほとんどないときに関連性がある。すなわち，消費者が製品にほとんど関与していないときに行動学習が起こる可能性が大きい。

　認知学習理論は，重要な製品とより多く関連している。このような場合，消費者の問題の解決は，情報探索やブランド評価の過程を経て行われる。意図的な行動を通じて目標を達成することは，石鹸，歯磨き粉，紙タオルまたは洗剤などの購買意思決定より，自動車，衣類，家具などの購買意思決定をよ

りよく説明している。[20] 図表4-10は認知学習理論と行動学習理論との相違点を示している。

〈演習問題〉

(1) 学習と記憶の特性について考えてみよう。

(2) 感覚記憶，短期記憶，長期記憶の概念について説明した上で，どのようにこれらの記憶は，広告戦略の開発に活用されるのかを考えてみよう。

(3) マーケティング戦略の開発に古典的条件づけの理論とオペラント（道具的）条件づけの理論がどのように適用されるかについて考えてみよう。

(4) 広告に古典的条件づけの理論を適用するためにはどのような条件が必要であるかを考えてみよう。

(5) オペラント（道具的）条件づけの理論が広告にどのように適用されることができるか，どのような方法で古典的条件づけの理論と異なるオペラント（道具的）条件づけの理論を適用することができるかについて考えてみよう。

(6) 高関与商品と低関与商品を例として取り上げて認知学習理論と行動学習理論について考えてみよう。

注)

1) Lawson, R. (2002) "Consumer Knowledge Structures: Background Issues and Introduction," *Psychology and Marketing*, 19 (6), p.448. 田中洋（2010）『消費者行動論体系』中央経済社，p.147。

2) 鹿取廣人・杉本敏夫・鳥居修晃（2019）『心理学』東京大学出版会，p.77。

3) 同上書，p.21。

4) Shiffrin, R. M. and R. C. Atkinson (1969) Storage and retrieval processes in long-term memory. *Psychological Review*, 76, pp.179-193. 阿部周造（1984）「消費者情報処理理論」中西正雄編著『消費者行動分析のニュー・フロンティア―多属性分析を中心に―』誠文堂新光社，p.122。

5) 今井四郎・大黒静治編著（1991）『心理学入門』アカデミア，pp.80-89。

6) Peterson, L. R., and Peterson, M. J. (1959) "Short Term Retention of Individual Verbal Items," *Journal of Experimental Psychology*, 58, pp.193-198。

7) Miller, G. A. (1956) "The magical number seven", plus or minus two: Some limits on our capacity for processing information, *Psychological Review*, 63, pp.81-97. (高田洋一郎訳 (1972)「不思議な数"7", プラス・マイナス2―人間の情報処理容量のある種の限界」『心理学への情報科学的アプローチ』培風館, pp.13-14)

8) タルビングは, 記憶を命題記憶 (propositional memory) と手続記憶 (procedural memory) に分類し, さらに命題記憶をエピソード記憶 (episodic memory) と意味記憶 (semantic memory) に分類している。詳しくは以下の文献を参照されたい。Tulving, E. (1983) *The Elements of Episodic Memory*, Oxford University Press. (太田信夫訳 (1985)『タルヴィングの記憶理論』教育出版, pp.10-13)

9) 次の文献を参考にした。鹿取廣人・杉本敏夫・鳥居修晃 (2019) 前掲書, pp.80-100。長谷川寿一・東條正城・大島尚・丹野義彦 (2005)『はじめて出会う心理学』有斐閣アルマ, pp.188-201。

10) この点の詳細は, Bartlett, F. C. (1932) *Remembering*, Cambridge University Press; 鹿取廣人・杉本敏夫・鳥居修晃 (2019) 同上書, p.273を参照されたい。

11) この点については, Mothersbaugh, David L., and Del I. Hawkins (2016) *Consumer Behavior: Building Marketing Strategy*, 13th ed., McGraw Hill, p.319; 鹿取廣人・杉本敏夫・鳥居修晃 (2019) 同上書, p.199に詳しい。

12) Solomon, M. R. (2011) *Consumer Behavior: Buying, Having, and Being, Global Edition*, 9th ed., Prentice Hall., pp.128-136.青木幸弘 (2011)『消費者行動の知識』日本経済新聞出版社, pp.179-183。

13) Aaker, D.A. (1996) *Building Strong Brands*, The Free Press. (陶山計介他訳 (1997)『ブランド優位の戦略』ダイヤモンド社, p.119)

14) Schiffman, Leon G., and Joseph L. Wisenblit (2015) *Consumer Behavior*, 11th ed., Pearson Education Limited, pp.150-151.

15) *Ibid.*, p.150.

16) Pavlov, I. P. (1902) *The work of the Digestive Glands* 1st Ed., pp.148-163, translated by W. H. Thompson, Charles Griffin & Co., London. 今井四郎・大黒静治編著 (1991) 前掲書, pp.50-52。

17) 鹿取廣人・杉本敏夫・鳥居修晃 (2019) 前掲書, pp.25-26。

18) 長谷川寿一・東條正城・大島尚・丹野義彦 (2005) 前掲書, pp.212-214。

19) Schiffman, Leon G., and Joseph L. Wisenblit (2015) *op. cit.*, pp.157-158.

20) Assael, Henry (2004) *Consumer Behavior: A Strategic Approach*, Houghton Mifflin Company, pp.68-71.

第**5**章 消費者行動と態度

第5章

学習の要点

①態度とは何か，どのように形成されるのか，そして消費者行動における態度の役割とは何かを理解する。

②態度の3要素モデルと適用方法を理解する。

③多属性態度モデルを理解し，その多属性態度モデルを利用して，消費者の態度を変えるための戦略を学習する。

④態度変化による精緻化見込みモデルの役割を理解する。

⑤認知的不協和理論において，いかに行動が態度形成よりも先に起こるのかを理解し，態度対立の解決方法を学習する。

キーワード

・態度の構成要素
・態度の機能
・多属性態度モデル
・非補償型意思決定
・精緻化見込みモデル
・認知的不協和理論
・バランス理論

第2章の「**2**-2 ハワードとシェスのS-O-Rモデル」において述べたように，行動主義のS-Rモデルに代わって新行動主義のS-O-Rモデルが登場する中，刺激と反応を結ぶ媒介変数として「態度」が注目されるようになった。その理由は，「態度」という概念を理解・学習することによって，消費者がなぜそのブランドを選択するのか，どのようにそのブランドを選ぶのか，といった私たちの購買行動を予測し，説明するために活用される仮説的構成概念（hypothetical construct）であるからである。

　態度の研究が進んだことにより，消費者の購買行動の予測が以前より正確かつ詳細にできるようになりつつあるが，マーケターはより多くの商品を効率的に販売するためにはまず態度を理解・学習し，態度を変化させるためにはどうしたら良いかを考えなければならない。

1 態度（attitude）とは

　シフマンとワイゼンブリット（Schiffman & Wisenblit, 2015）は「態度は，ある対象に対する一貫性のある好意的または非好意的に反応する学習された先有傾向（predisposition）である。その対象とは，製品，ブランド，サービス，価格，包装，広告，または製品を販売する小売業などである」[1]と述べている。

　マザーズボーとホーキンス（Mothersbaugh & Hawkins, 2016）は，「態度は，環境のいくつかの側面に関する動機的，感情的，知覚的，及び認知的過程の持続的な組織である。また態度は，ある対象に対する一貫した好意的または非好意的な方式で反応する学習された性向である。したがって，態度は小売店，テレビ番組，または製品といった環境のいくつかの側面に対する私たちが考え，感じ，行動する方式である」[2]と指摘している。

　すなわち，態度は「ある対象（物やサービスなど）に対する私たちの表現（好意的または非好意的な反応）または評価のことである」といえる。

　私たち消費者は製品，ブランド，サービス，価格，インターネット，広告，

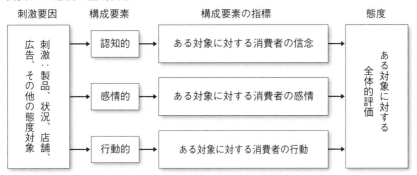

図表5-1　態度の構成要素

刺激要因	構成要素	構成要素の指標	態度
刺激：製品、その他の状況、店舗、広告、その他の態度対象	認知的	ある対象に対する消費者の信念	ある対象に対する全体的評価
	感情的	ある対象に対する消費者の感情	
	行動的	ある対象に対する消費者の行動	

出所：Mothersbaugh, David L., and Del I. Hawkins（2016）*Consumer Behavior: Building Marketing Strategy.* 13th ed., McGraw Hill, p.385.

小売店などについてさまざまな態度を持っている。私たちは，ある製品（例えば納豆，ジンギスカンなど），サービス（例えば全日空，スカイマークなど），オンラインショッピング（例えばアマゾン，メルカリなど）について好むか，または嫌っているかどうかの質問を受けるたびに，私たちの態度を表現するように要求される。態度の表現の例は，「納豆が好きだ」，「スカイマークは嫌いだ」といった表現である。こういった消費者の態度を研究することによって，マーケティング担当者は，消費者が，企業が検討している新製品を受容するかどうかを把握したり，標的市場の顧客が新製品と包装などにどのように反応するのかを学習したりする。態度は認知的なものであり，簡単に観察することができないが，マーケターは，質問を通して測定したり，行動から推論したりすることができる。

　こうした態度は，3つの要素から構成されている[3]。すなわち認知的要素（cognitive component），感情的要素（affective component），行動的要素（behavioral component）である（図表5-1参照）。

1 態度の3要素モデル

(1) 認知的要素（cognitive component）

これは個人の認知，すなわち態度対象に関する直接の経験と多様な情報源から学んだ個人の知識や属性知覚になっている。このような態度対象に関する知識と知覚は，消費者が態度対象に，具体的な属性を持ったり持たなかったりと信じた程度の「信念（belief）」として表現される。大部分の態度対象に対して消費者は多くの信念を持っている。例えば，個人は，アサヒ飲料が国内独占販売権を取得した，アメリカNo.1エナジードリンクの「モンスターエナジー」は，例えば次のようだと考えることができる。「世界の若者に人気がある」，「消費者に多くのエナジーを供給している」，「多くのビタミンが含まれている」，「元気にさせる」など。これらによって「モンスターエナジー」に対する認知的な次元の態度が形成される。

(2) 感情的要素（affective component）

これは，態度対象に対する消費者の「感情」や気持ちをいい，態度対象に対する全体的な評価（すなわち，態度対象を好意的または非好意的，良いかまたは悪いかを感じる程度）とみなすことができる。例えば，「消費者行動論の授業は面白いから好きだ」，「統計学は数学ができないから嫌いだ」などで「科目」に対する感情的な次元の態度が形成される。

(3) 行動的要素（behavioral component）

これは，態度対象に対する消費者の「行動」をいい，消費者が態度対象に関連して具体的な行動を特定し，特定の方法で行動することをいう。例えば，「ノートパソコンについて聞きたい」，「ノートパソコンを購入する」，などで「ノートパソコン」に対する行動的な次元の態度が形成される。

これらの3つの構成要素のすべてが一貫性を有している。すなわち，1つの態度の構成要素の変化は，他の構成要素と関連して変化をもたらす傾向がある。例えば，消費者があるブランドを好きになると（感情），そのブランド

図表5-2　態度の構成要素の一貫性

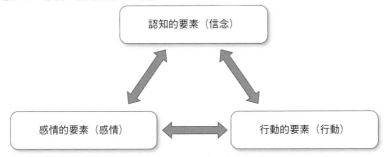

出所：Mothersbaugh, David L., and Del I. Hawkins（2016）*Consumer Behavior: Building Marketing Strategy*, 13th ed., McGraw Hill, p.390を参考に作成。

を良いと判断し（認知），そのブランドを買いたい（行動）という気持ちになるのである（図表5-2参照）。

　また，企業は，上記の消費者の3つの態度要素を研究することで自社の商品をより魅力的にプレゼンすることができる。

　これまで，態度は，認知，感情，行動の3つの要素から構成されるという態度の3要素モデルを概説してきたが，以下ではこの3つの要素が状況次第で最初に来る要素が変わり，それにより態度が形成されるという「階層効果モデル（hierarchies of effects）」について解説する。

2　態度の3つの階層効果モデル

　ソロモン（Solomon, 2011）は，認知，感情，行動といった3つの要素が状況次第で最初に来る要素が変わり，それにより態度が形成されるという階層効果モデルを次のように示した（図表5-3参照）。この順番は消費者の高・低関与と関係している。これら3要素の頭文字をとって態度のABCモデル（affect, behavior, cognition）とも呼ばれる[4]。

(1)　標準的学習階層モデル（standard learning hierarchy）

　消費者が関与している場合には，消費者は積極的に情報探索をすることで，

商品に対する信念（認知と同意：製品属性についての知識）が生じる。その後，消費者は商品を評価し，その商品についての明確な感情が形成され，それに応じて購入（行動）をする。すなわち，高関与の場合，認知⇒感情⇒行動の順番で態度が形成される。これは，認知的・能動的情報処理による態度形成である。

⑵　**低関与階層モデル（low-involvement hierarchy）**

　低関与の商品の場合には，消費者は受動的に信念を確立させる。消費者は限られた情報（認知）を通して購入（行動）し，使用した結果，商品に対する感情が生じる。その理由は，能動的な情報探索と情報の処理に集中するために時間を投資するほどの価値がないからである。すなわち，低関与の場合，認知⇒行動⇒感情の順番で態度が形成される。これは，行動的学習・受動的情報処理による態度形成である。

⑶　**経験的階層モデル（experiential hierarchy）**

　上記の実用的な商品とは反対的に快楽的な動機によって購入する商品である。まず口コミ，CM，広告などによって商品に対する感情が形成される。その後に購入（行動）して，その結果認知が確立される。すなわち，快楽的な動機によって，感情⇒行動⇒認知の順番で態度が形成される。これは，快楽消費・能動的情報処理による態度形成である。

　企業は自社の商品がどの階層モデルに属するかを調査し，それに相応しい戦略または当該階層モデルを変更する戦略を練る必要がある。例えば，自社の商品が高関与の場合，経験的階層へ変更するリポジショニング戦略を構築することにより消費者の好意的な反応をより多く得ることができるだろう。すなわち特定の製品属性（高品質）のアピールを控えて経験的に楽しかった時を思い出すという経験的側面へ訴える戦略への変更である。

図表5-3　3つの階層効果モデル

階層類型	連続性	情報処理の本質
標準的学習階層	認知 ⇒ 感情 ⇒ 行動	認知的・能動的情報処理による態度形成
低関与階層	認知 ⇒ 行動 ⇒ 感情	行動的学習・受動的情報処理による態度形成
経験的階層	感情 ⇒ 行動 ⇒ 認知	快楽消費・能動的情報処理による態度形成

出所：Solomon, M. R.（2011）*Consumer Behavior: Buying, Having, and Being, Global Edition*, 9th ed., Pearson, p.283をもとに作成。

3　態度の機能（functions of attitudes）

　カッツ（Katz, 1960）は，態度の機能として4つを挙げている。[5] 態度の機能を理解することは，態度がどのようにその人を動かしているのかを理解することを意味する。

⑴　実用的機能（utilitarian function）
　これは，望ましい便益を成就するように消費者を導く機能である。例えば，鎮痛剤を選択する際に安全と迅速な痛みの軽減を最も重要な基準と考えている消費者は，これらの便益を満たすブランドに好意的な態度を持つ。一方，消費者にとって自らの欲求を満たす可能性が少ないブランドについては回避することで苦痛から逃れようとする。すなわち，この機能は自分への快楽や報酬を最大化し，自分への苦痛や罰を最小化しようとする。

⑵　価値表出機能（value-expressive function）
　これは，とりわけ高関与の製品の場合，消費者のセルフイメージや価値を表現しようとする機能である。例えば，スポーツカーを購買する人のセルフイメージは，優越感を表すのが好きでエネルギッシュで傲慢な人である場合が多い。攻撃的な性格の人は，このようなイメージに当たる自動車を購入することで自分を表現する。
　マーケターには，こうした消費者のライフスタイルや価値観などに訴えるコミュニケーションが必要である。

⑶　自我防衛機能（ego-defensive function）

　これは，恐怖と脅威から自己を保護しようとする機能である。例えば，消費者は恐怖が生じる状況を回避するために，口内洗浄剤やガムなどのような商品をたくさん購入する。通常，人々は口臭を治療するためではなく，口臭を予防するために口内洗浄剤やガムなどを購入する。こうして消費者は，商品の購入や使用を通して社会的リスクから自我を守ろうとしている。

　多くの広告は，恐怖喚起のメッセージを使って消費者のもつ自我防衛機能に刺激を与えている。

⑷　知能機能（knowledge function）

　これは，大量の情報に毎日さらされている消費者に情報をまとめ上げる判断の枠組みを提供する機能である。例えば，育毛剤の新しい商品が発売されたとき消費者は曖昧な態度を示すが，次第にその商品の効果が他の商品より優れていることがわかると，好意的な態度を形成する。

　消費者は，さまざまな理由でブランドを購入している。例えば，ある育毛剤をいつも使用しているのは髪の毛が生えると思うから（実用的機能），または売上ランキング1位だから（自我防衛機能），髪の毛があったら格好良いから（価値表出機能），あるいは競合他社の商品と比較して優れている点が明確に記載されているから（知能機能），などの理由によるのかもしれない。

　多くの広告は，消費者が意識していない事実を知らせて，自社の商品に対する消費者の態度を変化させようとする。マーケターは，消費者の態度を変化させるためにどの機能を用いるべきか，または複数の機能を同時に用いるべきかなどについて検討する必要がある。

2 多属性態度モデル

多属性態度モデル（multi-attribute attitude model）は，フィッシュバイン（Fishbein, 1967）という心理学者から提唱されたもので，ある対象に対する消費者の態度は，ブランドなどの対象が持つ品質やデザイン，価格などの製品属性の評価（重要度）と，それらの製品属性をその対象が有しているという信念（確信度）からとらえようとしているものである[6]。

1 フィッシュバインモデルの定式と解説

多属性態度モデルは，フィッシュバインモデルとも呼ばれる。このモデルは，図表5-4のような数理モデルで態度を表現する。

図表5-4 フィッシュバインモデル

$$A_j = \sum_{i=1}^{n} a_i b_{ij}$$

A_j	：ブランド j に対する「態度（全体的評価）」
a_i	：属性 i に対する「評価」
	（例：−3＝非常に悪い〜＋3＝非常に良い）
b_{ij}	：ブランド j が属性 i を持つことについての「信念の強さ」
	（例：−3＝なさそうだ〜＋3＝ありそうだ）
n	：属性の数

出所：Fishbein, Martin（1967）, *Readings in attitude theory and measurement*, John Wiley & Son, Inc, p.394. 杉本哲夫編著（2012）『新・消費者理解のための心理学』福村出版，p.119を一部加筆。

Σ（シグマ）は，a_i（評価）と b_{ij}（信念の強さ）を掛け合わせた積をすべて出し上げることを意味する。従属変数（A_j）が態度（全体的評価）であり，独立変数の2成分（a_i と b_{ij}）の積和が態度（全体的評価）の推定値となる。

2　フィッシュバインモデルの事例と計算法

　フィッシュバインモデルは，消費者行動研究において広範に利用されている。具体的に，ホテルの３つのブランドを例に取り上げ，各ブランドに対する態度を測定する場合を考えてみよう（図表5-5参照）。

　まずある３つのホテルブランドの例では，接客対応，清潔感，客室，食事，コスパ，立地及びスパ・温泉の属性を抽出し，ある消費者のそれぞれに対する態度を評価し，３つのブランドに対する全体態度を測定していく。

　次に，属性の評価（a_i）を測定する。例えば，「接客対応」という属性の評価を「非常に好き」（＋３点）から「非常に嫌い」（－３点）まで，７段階の評定尺度で測定する。また，対象となるブランドと各属性に対する個人的な確信度，すなわち信念の強さ（b_{ij}）を測定する。例えば，ホテルＡは接客対応がどの程度かを尋ね，「極めて良さそう」（＋３点）から「極めて良さそうでもない」（－３点）まで，７段階の評定尺度で測定する。

　最後は，対象となるホテルの態度（全体的評価）は，評価と信念の強さ（確信度）との積和で表す。例えば，ホテルＡの態度（全体的評価）は，「＋１点（接客対応評価）×－１点（接客対応重みづけ）」＋「＋１点（清潔感評価）×０点（清潔感重みづけ）」＋「＋２点（客室評価）×－１点（客室重みづけ）」＋「＋２点（食事評価）×０点（食事重みづけ）」＋「＋１点（コスパ評価）×＋３点（コスパ重みづけ）」＋「＋１点（立地評価）×＋３点（立地重みづけ）」＋「＋２点（スパ・温泉評価）×＋２点（スパ・温泉重みづけ）」＝「－３点」となる。ホテルＢが「＋13点」となり，ホテルＣが「＋３点」となる。従って，消費者が合理的な選択としてホテルＢを選択することが予測される。

　多属性態度モデルをブランドに対する態度の分析に利用する利点は，競合他社のブランドとの相対的関係が詳細にわかることである。すなわち，競合他社のブランドと比べて自社のブランドの優位と劣位が，属性ごとに捉えられるので，①属性についての信念の強さを変化させたり，②属性の評価を変化させたり，③新しい属性を追加したりして，態度をより好意的なものに変容させることができるため，消費者の態度を測定する研究で，非常に多く用いられている。

図表5-5　ホテルの例

属性	評価 (a_i)	ホテルA 信念 (b_{ij})	ホテルA ($a_i \times b_{ij}$)	ホテルB 信念 (b_{ij})	ホテルB ($a_i \times b_{ij}$)	ホテルC 信念 (b_{ij})	ホテルC ($a_i \times b_{ij}$)
接客対応	＋1	−1	−1	＋3	＋3	＋1	＋1
清潔感	＋1	0	0	＋2	＋2	＋1	＋1
客室	＋2	−1	−2	＋2	＋4	＋1	＋2
食事	＋2	0	0	＋3	＋6	＋2	＋4
コスパ	＋1	＋3	＋3	−3	−3	−2	−2
立地	＋1	＋3	＋3	−3	−3	＋3	＋3
スパ・温泉	＋2	−3	−6	＋2	＋4	−3	−6
態度 (A_j)			−3		＋13		＋3

注：コスパ→コストパフォーマンス（費用対効果）。客室→高級感，開放感，デザイン性。
出所：宿らん調査員の評価基準チェックシート（https://www.yadoran.jp/investigator/checklist 2019年4月24日にアクセス）を参照。

....

コラム1 ▶ 代替案意思決定について

　代替案意思決定は，大きく分けて補償型意思決定（compensatory decision）と非補償型意思決定（non-compensatory decision）の2つがある。補償型意思決定は，あるブランドを評価する場合，特定属性にマイナス点があったとしても他の属性（プラス点）によって総合的な評価が補われるものである。多属性態度モデルとも呼ばれる。一方，非補償型意思決定は，特定の属性のマイナス点が他の属性（プラス点）によっては補われないものである。これには，連結型意思決定ルール，分離型意思決定ルール，逐次消去型意思決定ルール，辞書編纂型意思決定ルールといった4つの意思決定ルールがある。こうして消費者は，代替案の比較に当たって，購入決定プロセスの負荷を軽減するために，「選択ヒューリスティックス（heuristics）」と呼ばれる，経験をベースにした簡単な意思決定ルールを用いるのである。

図表5-6　マンションの例

属性	マンションA	マンションB	マンションC	マンションD
価格	3450万円	4100万円	4100万円	4950万円
間取り	2LDK	3LDK	4LDK	4LDK
駅からの距離	20分	5分	10分	5分

①補償型意思決定ルール（compensatory decision rule）
　図表5-5の場合だと，ホテルBを選択することになる（先述の（1）多属性態度モ

デルを参照すること）。

②連結型意思決定ルール（conjunctive decision rule）

このルールは，属性ごとに最低限満たすべき基準であるカットオフポイント（切捨点：cut-off point）を設定し，各属性が１つでもこのカットオフポイントに満たない場合は，代替案から排除されることになる。このルールの特徴は，ブランド別処理がなされることである。例えば，ある消費者が間取りは3LDK以上，駅からの距離は10分以内，価格は4500万円以下という切捨点を設定したとする（図表5-6参照）。このとき，マンションAは間取りと駅からの距離が条件を満たさず棄却される。マンションDも価格の面で棄却され，結果的にマンション2と3に絞り込まれる。

③分離型意思決定ルール（disjunctive decision rule）

このルールは，属性ごとに受け入れ可能な基準を設定し，ブランド別に１つでもこの基準に達していれば，他の属性の基準が低くても，そのブランドを選択するルールである。このルールの特徴は，ブランド別処理がなされることである。例えば，ある消費者が価格で3500万円以下，間取りで4LDK以上，駅からの距離で５分以内という条件を設定していたとする。もし，マンションAから検討を始めたとするならば，3450万円という価格は条件を満たしているのでマンションAが選択されることになる。なお，検討の順序によっては，マンションB，C，Dも選択される可能性がある。

④逐次消去型意思決定ルール（elimination-by-aspect decision rule）

属性ごとに必要条件としての切捨点が設定されるが，この基準をクリアしないブランドから逐次削除されていく。連結型と類似しているが，異なる点は属性ごとに選択が行われる点である。このルールの特徴は，属性別処理がなされることである。例えば，ある消費者が属性の優先順位が駅からの距離，間取り，価格という順であれば，駅からの距離では最も遠いマンションAが削除され，次に間取りではマンションBが削除される。最後の価格でマンションDが削除されて，結果的にマンションCが選択されることになる。

⑤辞書編纂型意思決定ルール（lexicographic decision rule）

このルールでは，消費者はまず属性の重要度を順序づけ，最も重要度の高い属性で最も高得点を持ったブランドを選択する。もし最も重要度の高い属性について２つ以上の選択肢が出た場合には，次に重要度の高い属性で評価し，１つに決定されるまで繰り返される。このルールの特徴は，属性別処理がなされることである。例えば，ある消費者は属性の優先順位が駅からの距離，間取り，価格という順であれば，駅からの距離ではマンションBとDが５分で同じため，次に重要な間取りが検討され，４LDKのマンションDが選択されることになる。

出所：Mothersbaugh, David L., and Del I. Hawkins（2016）*Consumer Behavior: Building Marketing Strategy*, 13th ed., McGraw Hill, pp.564-571を参考に加筆。

3 消費者の態度と変容

　この節では，消費者の態度を変容させるための代表的なものとして(1)「精緻化見込みモデル」，「認知的整合性理論」のなかの代表的なものとして(2)「認知的不協和理論」と(3)「バランス理論」を紹介する。

1　精緻化見込みモデル（elaboration likelihood model, ELM)

　このモデルは，ペティとカシオッポ（Petty and Cacioppo, 1986）が提案したもので，消費者の態度と態度変容に影響を及ぼす要因を説明するモデルとして消費者行動研究の分野で数多く援用されている。

　精緻化見込みモデルでは，図表5-7のように説得的コミュニケーションのメッセージを精緻化することにより態度変化が生じる経路を中心ルート（central route)，精緻化せず態度変化が生じる経路を周辺ルート（peripheral route)とよぶ[7]。

　「精緻化」とは，極めて詳しく観察することをいう。また「動機づけ」とは，対象に対する関心の度合いのことを示しており，「能力」とは対象に対する理解の度合いのことを指す。「説得的コミュニケーション」とは，情報の送り手がその受け手の態度を変化させることを意図していることを意味する。

(1)　中心ルートの態度変容

　説得的メッセージの内容を精緻化する「動機づけ」と「能力」を共に備えていれば，関与度が高くなり，中心ルートを経て精緻化が行われる。精緻化のプロセスで，説得的メッセージの初期態度や論拠の質に応じて，好意的または非好意的な考えが形成される。その後，新たな認知が採用，記憶され，これまでとは異なる反応が目立つようになると，認知構造が変化するが，その際，好意的な認知反応が優勢的であれば肯定的態度変化が生じ，反対に非好意的な認知反応が優勢的であれば否定的態度変化が生じる。

図表5-7　精緻化見込みモデル

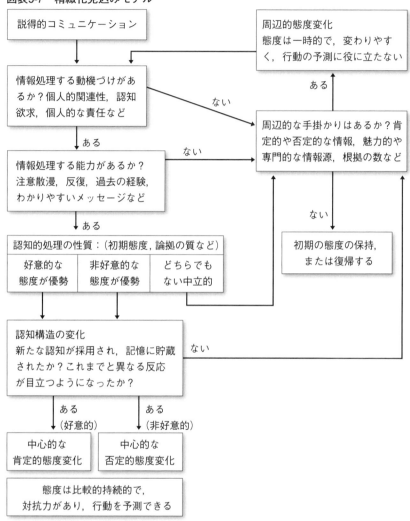

出所：Petty, R.E., and J.T. Cacioppo（1986）"The Elaboration Likelihood Model of Persuasion," in L. Berkowitz（ed.）, *Advances in Experimental Social Psychology, 19*, Academic Press, p.126.

⑵ 周辺ルートの態度変容

一方,「動機づけ」と「能力」の両方,または一方が備わっていない場合には関与度が低くなり,周辺ルートを経て態度変化が生じるが精緻化は行われない。しかし,周辺ルートではメッセージの送り手の魅力や専門的な情報源,論拠の数などが,周辺的な手がかりとして働き,肯定的態度変化が生じることがある。

⑶ 精緻化見込みモデルの事例

ロボット掃除機のテレビCMを例に考えてみよう。もし以前から関心があり,複数のメーカーのロボット掃除機を検討していた場合は,そのCM内容を注意深く吟味するだろう。すなわち,ロボット掃除機への関心が高く,その情報を精緻化する動機があり,さらにその情報を理解できる十分な知識を持っている場合は,中心ルートをたどって,最終的にそのロボット掃除機が良いかまたは良くないかの態度が形成される。中心ルートによって形成された態度は強固で持続性が高く,消費者の行動を予測できる。

一方,ロボット掃除機にはあまり関心がなく,しかもその内容についてもよくわからない場合,あるいは関心はあるが,その商品に対する知識がない場合,そのCM内容の精緻化は行われず,周辺ルートによる態度変化が起こる。しかし,そのCMに大好きな俳優さんが出演していたり,楽しい音楽が流れていたり,または一番売れているメーカーであったりすると,それが周辺的な手掛かりとなって,好意的な態度が形成される場合がある。ただし,周辺ルートによって形成された態度は,精緻化によって形成されたものではないため,一時的で持続性が弱く,影響を受けやすいという特徴を持つ。

2 認知的不協和理論 (cognitive dissonance theory)

この理論は,フェスティンガー (Festinger, 1957) が提案したもので,消費者の態度変容に貢献した理論として,マーケティング分野において多く応用されている。

不協和とは認知的な矛盾 (inconsistency) のことであり,認知的不協和

（cognitive dissonance）とは，人々の心の中に認知的な矛盾が生じた時に，不愉快・不安定な緊張状態が生起することをいう。そして認知的不協和理論（cognitive dissonance theory）は，人が認知的不協和を覚えた場合，協和状態となるよう自分の認識や感情，そして行動を変容させようとすることである。

　この認知的不協和理論によると，消費者は何かを購入した後に不愉快・不安定な状態になると，この不協和を低減または解消するために行動するとしている[8]。

　例えば，ある消費者が数多くの高級ブランドバックの中で，ブランドＡが良いか，ブランドＢが良いかで悩んだ結果，ブランドＢを購入したとしよう。しかし，購入した途端に，消費者はブランドＢでよかったのかなと疑問を持つことがある。この場合，消費者はブランドＡとブランドＢとの間で不協和を感じる。とりわけ，高関与や高額の商品であればあるほど，このような不協和を感じやすい。この消費者は不協和を解消するため，返品をするか，それが難しい場合にはブランドＢについてポジティブな情報を集めたり，ブラ

図表5-8　認知的不協和理論のプロセス

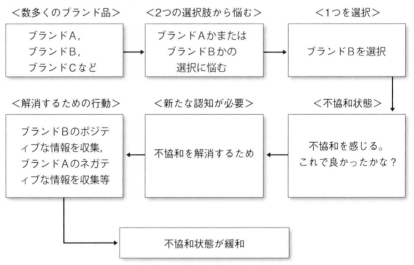

ンドAについてはネガティブな情報を探したりして不協和状態を緩和しよう
とする（図表5-8参照）。

　したがって，企業は購入者に対して，不協和状態を回避するために，「一番
売れている商品です」と伝えたり，「お祝いのはがき」を出したりして，他の
消費者も購入していることを教えて安心感を与えたり，リレーションシップ
を強調することで不安を取り除いたりすることなども必要である。

3　バランス理論（balance theory）

　ハイダー（Heider, 1958）のバランス理論は，人間は信念（認知）と感情
の間でバランスの取れた関係へ向かう傾向があると示した。バランス理論は，
自分（P），他者（O），対象（X）から成り立つ「P-O-X」として構成され，
これら3つ（P, O, X）はバランスを保とうとし，これらの関係はプラス（好
き）かマイナス（嫌い）の関係になるという。

　図表5-9は，消費者（P），他者（O），態度対象（X）の3つの関係につい
て＋か－で表している。3辺の符号を掛け算したときに解が＋になると，認
知の均衡がとれた心地良い状態となる。解が＋になるということは，3辺す
べてが「（＋）×（＋）×（＋）＝＋」という＋になるか，または2辺が「（－）
×（－）×（＋）＝＋」という－になるかである。一方，3辺の符号を掛け算
したときに解が「（－）×（＋）×（＋）＝－」という－になると，認知の不均
衡として，均衡状態となるよういずれかの認知が変更されると予測した。

　例えば，ある会社が自社の広告に某歌手を登場させ，自社のイメージを形
成しようと試みたとしよう。多くの消費者は某歌手に対してはポジティブな
イメージを持っているが，その会社に対してはネガティブなイメージを持っ
ていると仮定しよう（図表5-9の〈ある会社が某歌手と契約したときの不均衡
状態〉のケース）。

　上記のケースで，ネガティブなイメージを持たれている会社の広告に某歌
手を登場させたときは（某歌手とある会社の間は＋に表示されている），こ
のような関係性は不均衡となる。この場合，不均衡状態なので，多くの消費
者はネガティブなイメージであるその会社にポジティブなイメージを抱くか，

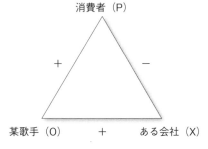
＜ある会社が某歌手と契約したときの不均衡状態＞

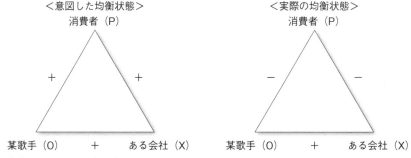

出所：Assael, Henry（2004），*Consumer Behavior: A Strategic Approach*, Houghton Mifflin Company, pp.224-225を参考に作成。

ポジティブなイメージがある某歌手にネガティブなイメージを抱くと予想される。

　その会社は当然のことながら，多くの消費者が自社ブランドに対して好意的な態度を形成することで，不均衡状態が解消されることを望んでいた（〈意図した均等状態〉）。実際に起こった結果は，多くの消費者がその会社に対するイメージをそのまま維持しており，某歌手のより否定的なイメージを確立したというものである（〈実際の均衡状態〉）。このようなイメージ変化は，消費者の認知の均衡はとれたが（２つの－と１つの＋が＋を生成），その会社が意図した均衡はとれなかった。すなわち，その会社の広告に某歌手を登場させることで，自社に対する消費者の態度を変容させようとしたが失敗に終わったのである。[9]

コラム２▶消費者の態度変容に影響を与える技法

　販売員が，消費者の態度変容に影響を与える技法として以下の４つが一般的に利用されている。

①フット・イン・ザ・ドア・テクニック（foot-in-the-door technique）

　これはセールスマンが玄関口で断られ，ドアを閉められそうになった時に，ドアと枠の間に片足を挟んで，話ができるような状態にするというところからきている。フット・イン・ザ・ドアでは，まず消費者に小さな要求を承諾させてから，次にそれよりも大きな要求をしていくことで，本命の要求を受け入れてもらおうとする，消費者の態度変容を目的にした技法である。店頭でのタダの試食には，この意味が含まれている。

出　所：Schiffman, Leon G., and Joseph L. Wisenblit（2014）*Consumer Behavior*, 11th ed., Pearson Education Limited, p.191.

②ドア・イン・ザ・フェース・テクニック（door-in-the-face technique）

　これは，セールスマンが訪問先で初めから消費者に拒否させるために，ドアが開いたらいきなり顔を突っ込むといった行為からきている。まず消費者にとても受け入れ難い大きな要求をし（拒否されるための要求），最初の要求が拒否されたあとで，次に消費者が受け入れそうな本命の要求をして承諾させようとする，消費者の態度変容を目的にした技法である。フット・イン・ザ・ドア・テクニックと逆の手法である。すなわち，セールスマンがよく使う技法で，相手が自分の要望を譲歩した場合は自分も譲るべきという人の心理を利用した説得の手法である。

出所：*ibid.*, p.192.

③ザッツ・ノット・オール（that's not all）

　これは，「それだけではないよ」というおまけをつけることからきている。ザッツ・ノット・オールは，セールスマンが消費者に販売したい商品と値段を提示した後，買おうかどうか迷っているときに，それ以外のおまけや特典を次から次へと付け加え，お買い得と感じさせて購入しやすくするという消費者の態度変容を目的にした技法である。すなわち，最初は高い値段と感じさせてから，消費者の反応を待たずに魅力あるおまけや特典を付けることで，消費者の購買意欲を高める手法である。この手法はジャパネットたかたやテレビ通販などでよく活用されている。

出所：Burger, J. M.（1986）"Increasing Compliance by Improving the Deal: The That's-not-all Technique," *Journal of Personality and Social Psychology*, 51（2），pp.277-283.

④ローボール・テクニック（low-ball technique）

　これは，いきなり投げられたらキャッチできないような高いボール（high ball）も，低いボール（low ball）から徐々に上げていけばキャッチしやすくなるということからきている。ローボール・テクニックは，まず消費者に承諾されやすい好条件を出して購入の決定をさせてから，契約までの間に徐々に消費者にとって悪い条件を加

えたり，良い条件を取り下げたりするという消費者の態度変容を目的にした技法である。すなわち，消費者に好条件を提示して，承諾を得た後に好条件を取り除くという方法である。合理的に物事を考えて，後になってから悪い条件をつけたんだから，すべてなかったことにすれば良いのではと思うかもしれないが，人がいったん行った購入の意思決定はなかなかその決定を取り消さないことが多い。人は一度決めたことに対しては貫き通したいという心理的な傾向があるからである。

出所：Burger, J. M., and Petty, R. E. (1981) "The Low-ball Compliance Technique: Task or Person Commitment?" *Journal of Personality and Social Psychology*, 40(3), pp.492-500.

〈演習問題〉

(1) 消費者行動と態度はなぜ密接な関係にあるのかを考えてみよう。

(2) 朝食用のシリアルの製品管理者が自社ブランドに対する消費者の態度を変容させる方法を下記の3つの項目に基づいて考えてみよう。(a)ブランドに対する信念の変化，(b)競合ブランドに対する信念の変化，(c)属性の追加。

(3) 受講前のこの講座に対するあなたの態度に影響を与えた要因は何か。講座が始まってからあなたの初期態度は変化したか。変化したのであればどのように変化したかを考えてみよう。

(4) 最近購入したブランド品を考えてみよう。そこではどのような意思決定ルールが使われていたか検討してみよう。

(5) ある大学生が新製品のアップルのアイパッドを購入したと仮定しよう。この学生に購入後の認知的不協和を感じさせる要因は何か。この学生は購入後，認知的不調和をどのように克服するのか。アイパッドを販売した小売業者は，この学生の購入後の認知的不調和状態をどのように低減したり緩和したりするのか。アップル社はどのように助けてくれるかを検討してみよう。

注)

1) Schiffman, Leon G., and Joseph L. Wisenblit (2015) *Consumer Behavior*, 11th ed., Pearson Education Limited, p.173.

2) Mothersbaugh, David L., and Del I. Hawkins (2016) *Consumer Behavior: Building Marketing Strategy*, 13th ed., McGraw Hill, p.384.

3) Schiffman, Leon G., and Joseph L. Wisenblit (2015) *op. cit.*, pp.175-179; Mothersbaugh, David L., and Del I. Hawkins (2016) *ibid.*, pp.384-385.

4) Solomon, M. R. (2011) *Consumer Behavior: Buying, Having, and Being, Global Edition*, 9th ed., Pearson, pp.283-285.

5) Katz, Daniel (1960) "The Functional Approach to the Study of Attitudes," *Public Opinion Quarterly*, 24 (2), pp.163-204.

6) Fishbein, Martin (1967), *Readings in attitude theory and measurement*, John Wiley & Son, Inc, pp.389-400. 杉本哲夫編著 (2012)『新・消費者理解のための心理学』福村出版, pp.118-122。

7) Petty, R. E., and J. T. Cacioppo (1986) "The Elaboration Likelihood Model of Persuasion," in L. Berkowitz (ed.), *Advances in Experimental Social Psychology, 19*, Academic Press, pp.124-205.

8) Festinger, L. A. (1957) *Theory of Cognitive Dissonance*, Stanford University Press.(末永俊郎監訳 (1965)『認知的不協和の理論―社会心理学序説―』誠信書房, pp.1-32)

9) Assael, Henry (2004) *Consumer Behavior: A Strategic Approach*, Houghton Mifflin Company, pp.224-225.

第6章 消費者行動と関与

学習の要点

①関与度を高める戦略として，関与の種類を用いて消費者がどのように製品とかかわっているのかを理解する。

②関与を規定する3つの要因（個人的要因，対象・刺激的要因，状況的要因）を理解する。

③関与水準と購買意思決定との関係，関与水準と知覚リスク対機会損失リスクについて学習する。

④関与の仕組みについて理解する。

⑤低関与における広告戦略について学習する。

キーワード

・関与概念
・高関与
・低関与
・関与の規定因
・関与水準
・知覚リスク
・機会損失リスク
・関与の仕組み

1 関与とは

1 関与の重要性

　多くの人々が，ファッションに対して関心の目を向けている。特に女性は男性より興味を持ったり，注意を払ったりする。一方，ファッションにあまり関心を持たない人もいる。その違いは何か。それは，人々の関心の程度（高低）によるものである。例えば，スポーツカーを見て，格好良い！！と叫んだりして，関心を示す人もいれば，自動車に機能的な価値だけを考える人は，スポーツカーは経済的ではないと関心を向けない。これは個々人のニーズや価値観，関心との関連などで個々人の思い入れやこだわり具合によって生じる違いである。

　このような問題を消費者行動研究の分野では「関与（involvement）：個人の思い入れ」と呼び，消費者行動研究の主な研究課題の1つとして検討されてきた。このようにして検討されてきた関与に関する研究の源流をたどると，関与水準（高低）によって消費者の購買意思決定のプロセスが異なってくるという観点が重要になってくる。

　消費者の購買意思決定に際し，特に高関与型の購買状況においては，通常，問題認識（欲しい）から始まり，対象となる製品やサービスを情報探索し，代替案評価を通し，選択・購買し評価を行っている。例えば，昼食をとろうとした場合，和食，洋食，アジア食などの複数の選択肢の中から，時間や予算の制約を考えながら，最も適切なものを購買対象として昼食事を選択し，食事の後に美味しかったかどうかを評価する。こうした消費者の製品やサービスに対する最適な選択は購買意思決定の結果であり，その購買意思決定は消費者の情報処理から生じるものである[1]。概して，関与は消費者の購買意思決定を理解するにあたって非常に重要である。青木（1989）は消費者行動論の分野において，関与という構成概念が数多くの研究者の関心を集め，消費者行動を説明するための最も重要な変数の1つとして取り上げられるようになってきたと指摘している[2]。

上記のように，我々は意思決定を行う際に，動機づけられ，関与が高まり，態度が形成され，購買に至ることが多い。人々は，購買意思決定する際に様々な要因によって決めるが，本章ではその重要な規定因の１つとして関与に焦点を当てることにする。

2　関与研究の背景と関与概念

　関与研究の歴史は古く，1947年にまで遡る。関与研究の出発点は，シェリフとカントリル（Sherif & Cantril, 1947）が，社会心理学において「自我関与（ego-involvement）」という概念を取り上げたことにある。社会心理学では，態度に対する説得的コミュニケーションの効果を測定するために関与が用いられており，この概念を最初に消費者行動研究に援用したのは，クラグマン（Krugman, 1965）の広告効果研究である。

　クラグマンの研究では，テレビという媒体を通して提示される広告のメッセージは，受動的で低関与であるため，能動的で高関与である新聞広告などの印刷媒体とでは消費者の反応が異なることを示した。とりわけ，低関与コミュニケーションでは消費者の態度変容は起こらないため，反復的露出の効果によりブランドの知名率を上げることになり，認知構造が少しずつ変化して購買に良い結果をもたらすと指摘した。[3)]

　この研究以降，1970年代から多くの研究者が関与を研究するようになり，主な関与研究の焦点は，低関与型行動の研究から，関与概念の理解，関与を媒介変数として，その水準（高関与・低関与）によって情報処理や意思決定の違いを説明するモデル構築へと拡大していた。[4)]

　次に，関与の定義についてみると，まず和田（1984）は，「関与概念は単に消費者の価値体系と製品との関係を示すものではなく，消費者の心理状態を示す独立の概念である」[5)]と示している。

　ピーター＆オルソン（Peter and Olson, 2010）は，関与とは「ある対象・事象・活動に対して消費者が知覚する重要性や個人の関連性である」[6)]と指摘している。

　またソロモン（Solomon, 2011）は，「関与とは，個人のある特定のニーズ

や価値，及び関心に基づくある対象に対する知覚された関連性であり，対象とはある製品（ブランド），広告，購買状況などである」[7]と述べている。

　これらの定義が強調する内容には，細かい点において相違点が見られるが，関与は「ある対象物や活動に関して個人的に知覚された価値の程度」であるといえる。

2 関与概念の分類と規定因

1　関与概念の分類

　堀（1991）は，過去（1960〜1980年代）の主な研究者によってそれぞれ提唱もしくは取り上げられた関与の種類や分類を整理した[8]。それを参考に，近年の主な研究者によってそれぞれ提唱された関与の種類を整理したのが図表6-1である。

　図表6-1を見ると，多くの研究者が取り上げた関与の種類は，「自我関与」，広告メッセージ関与，コミュニケーション関与，及び反応関与と関連する「媒体関与」，購買関与，状況関与，及び意思決定関与と関連する「購買重要性」，そして「製品関与」，「認知的関与」，「感情的関与」，「永続的関与（長期的関与)」という7つである。

　図表6-1のように，多くの研究者が関与を研究するようになり，数多くの新しい概念が生まれた。本節では，多くの研究者が取り上げた様々な関与概念の中で，より多く注目されている7つの概念を取り上げて説明したい[9]。

(1)　自我関与

　消費者行動研究における関与概念は，社会心理学の「自我関与」概念を基盤としている。まず自我というのは，主に意識できる自分のことを指し，自我関与は態度を形成する対象と事象が，個人の価値領域の中心に関連する程度を表した概念である[10][11]。すなわち，自我関与は消費者個々人にとっての事象

図表6-1　消費者行動研究における関与概念の種類と範囲に関する諸見解

主な研究者名 \ 関与概念の種類		問題関与	反応関与	コミットメント	自我関与	コミュニケーション関与	状況関与	永続的関与	感情的関与	認知的関与	行為者関与	聴衆関与	場面関与	製品関与	課題関与	購買関与	意思決定関与	広告メッセージ関与
欧米	Sherif & Cantril (1947)				○													
	Zimbardo (1960)	○	○															
	Fredman (1964)	○			○	○												
	Houston & Rothschild (1978)		○				○	○										
	Bloch (1981)						○	○										
	Park & Young (1983)								○	○								
	Greenwald & Leavitt (1984)										○	○						
	Gardial & Zinkhan (1984)											○	○	○				
	Muncy & Hunt (1984)		○	○	○	○										○		
	Zaichkowsky (1986)													○			○	○
	Mittal (1987)								○	○								
	Baker & Lutz (1988)																○	○
	Assael (2004)						○	○										
	Hoyer & MacInnis (2010)						○	○										
	Solomon (2011)													○		○		
日本	和田 (1984)						○			○				○	○			
	平久保 (2005)				○	○				○				○				○
	清水 (2008)				○	○								○				
	堀 (2010)	○	○	○	○	○	○	○	○	○				○		○	○	
	青木 (2010a)				○	○												

出所：1960年代～1980年代までは，堀啓造（1991）「消費者行動研究における関与尺度の問題」『香川大学経済論叢』63（4），pp.1-56を引用。それ以外は筆者作成。

の重要性もしくは目的と関連性にあるものとしている。

(2)　媒体関与

　クラグマン（1965）が提唱した概念で，「コミュニケーション関与」や「広告メッセージ関与」とも呼ばれており，状況特定的なもので，広告に関する関

与である。クラグマンによれば，テレビ広告は大脳の右半球で処理され，受動的で低関与であるのに対し，印刷広告は大脳の左半球で処理され，能動的で高関与であるとしている。一方，インターネットの媒体は主に能動的であるため高関与である。

(3) 購買重要性

消費者の購買意思決定プロセス全体に影響を与える要因であり，「購買関与」や「状況関与：商品が使用される状況」と呼ばれる。ハワードとシェス（Howard and Sheth, 1969）は，消費者の活動を支配する動機の相対的強度であり，製品と他の製品との相対的関係を規定するものとしている。すなわち，消費者個々人の関与水準（高低）によって購買意思決定プロセスが異なることを強調している。

(4) 製品関与

ある特定の製品に対する消費者個々人のニーズやウォンツ，そして価値・自己概念との関連の水準によって生じる関与である。一般的に乗用車や家などは高関与製品であり，蛍光灯や電池などは低関与製品である。しかし製品に関する判断基準は消費者個々人の価値基準によって異なるので，高関与な消費者が多い製品であっても，まったく関心を示さない消費者もいる。

(5) 認知的関与

ある特定の分野に関心を持つと，情報収集や情報分析が楽しくなるという関与である。テニスが好きなら，テニスの4大大会歴代優勝者（男子と女性シングルス），あるいはテニスのコートの種類を覚えていたり，プレイヤーが使用するテニス・ラケットや家族構成まで調べたりする。テニスについてはすべて知っておきたいのである。このように知識の蓄積を楽しむ関与を認知関与と呼ぶ。

(6) 感情的関与

知識でなく経験を楽しむ関与で，好きなアーティストのファンクラブに入っ

たり，コンサートツアーに参加したり，海外のドラマや映画を観て喜んだり，泣いたりするのも感情的関与である。スポーツや娯楽は感情関与のしやすい商品である。他にも東京ディズニーシーやディズニーのテーマパークでは常に消費者を感動させている。洗練された機能とエモーショナルなデザインであるメルセデスベンツｅクラスの新商品は，乗る人の五感（視覚，聴覚，触覚，味覚，嗅覚）をまったく新しい心地よさで包んでいる。

⑺　長期的関与

　製品の自己との関連や所有または使用から得られる快楽的喜びによって動機づけられるもので[12]，長期にわたってある特定の製品に興味を示す関与である。これを長期的関与（永続的関与）と呼ぶ。例えば，切手やコインなどの収集品，自動車，バスケットボール，野球，サーカーなどへの関与であり，バラエティや変化に富み，次に何が起こるか予測しにくいという特徴がある。

....

コラム１▶関与度を高める戦略

　ここでは関与度を高める戦略として，関与の５つの種類を用いて消費者がどのように自社製品とかかわっているのかを検討する。

①知識関与

　これは，商品を標的消費者の関心事と関連させる手法である。老年期（65歳以上）に入った消費者はサプリメントに関心がある。例えば，コマーシャルなどに，医療や健康に関連する専門的な情報や効果的な病気の予防などを流して，そこからサプリメントの紹介に結びつけることができる。

②状況関与

　これは，使用場面や使用者を想定したメッセージを流す手法である。例えば，働く女性をターゲットにした食器洗浄機の場合，昼はオフィスで働く忙しい女性が帰宅して家族のために食事を作り，食事をしながら楽しく会話をしたり，食事後の食洗機を使用している最中にも，会話が途切れることなく家族と共に楽しく過ごしていたりするシーンは専業主婦が登場するCMより注目されるだろう。

③感情的関与

　これは，商品の機能的利便性でなく，心理的利便性（快楽など）に訴える手法である。例えば，このメルセデスベンツは，日頃のドライブをもっと便利なものにする，様々な機能を持つメルセデスの「COMANDシステム」を紹介することより，「お客

様に安心と満足をお届けします」とか，心地良い安心感に包まれる「インテリジェンス」といった感情に訴えるシーンを作るのである。最近のマーケティングには機能的な価値を取り上げても，各社間で大きな違いを強調できないことから，製品やサービスを通して経験する楽しみ，面白さ，喜び，感動といったことの重視が多く見受けられる。

④広告関与

これは，有名人やオピニオンリーダーを登場させる手法である。CMに起用するメリットとしては，ａ.印象に残りやすい，ｂ.競合他社との差別化をはかることができる，ｃ.信憑性や専門性がある，ｄ.企業のイメージが変わる，などが挙げられる。CMの起用以外に，芸能人の集まる場所で新商品のサンプルを配ったりすることもある。有名人やオピニオンリーダーを利用する最大のメリットは広告関与を高めることができるからである。

⑤商品関与

これは，消費者の恐怖心に訴える手法である。例えば，ダイソンが広告主のダイソンＶ６マットレスのCM動画で「干しても布団のダニや死骸は残ることがあります」とか，ダニやハウスダストを拡大した映像が流れるシーンは不潔さを意識させ，掃除機が必要と思わせる手法である。それ以外にも病気や事故，将来の不安を煽る生命保険のCMなどもこの種の手法による，人に切迫感を与えるものである。

出所：平久保仲人（2009）『消費者行動論』ダイヤモンド社，pp.69-70を一部修正して引用。

2　関与の規定因

　ここでは，関与を規定する要因として「個人的要因」「対象・刺激的要因」「状況的要因」の３つを挙げて検討する[13]。図表6-2に示したのが関与の規定因と影響プロセスである。

(1)　個人的要因

　消費者個々人の要因ではまずその製品に対して関与が高いかどうかである。すなわち，消費者個々人のニーズ・ウォンツや価値観と結びつきの強い製品に購買関与が高まる。例えば，栄養サプリメントに関与が高い人は，その背景に健康でありたい，病気になりたくない，長生きしたいというウォンツや価値観，及び目的があり，栄養補助食品を飲むのである。

(2)　対象・刺激的要因

図表6-2 関与の規定因と影響プロセス

関与の先行要因 ———————— 関与 ———————— 関与の結果

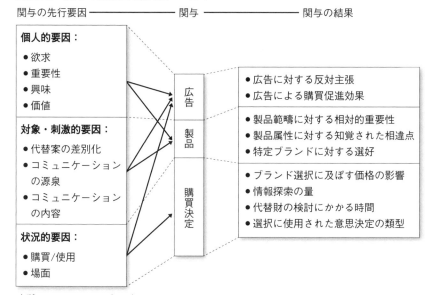

出所：Solomon, M. R. (2011) *Consumer Behavior: Buying, Having, and Being, Global Edition*
9th ed., Prentice Hall, pp.163-173を参考に筆者作成。

　製品に性能差が大きくある場合，これを見極める必要がある。このように
機能的リスクがあるとき，購買関与は高まる。例えば，パソコンなどの高額
品の場合は，家計的リスクが高まり購買関与は高まる。ファッションのよう
に，他の人に見せるような外で使う製品の場合は，社会的リスクが高まり購
買関与は高まる。洗濯機や家具のように，長期間使うものとか場所を占める
大きいものにも購買関与が高まる。また，ステレオセットのように，快楽的
価値の高いものも購買関与が高まる。

(3) 状況的要因

　ある特定的な状況で起こる一時的な要因である。購買関与と密接的な関係
を有しており，購買状況と使用状況の重要性，または場面といった状況的要
因によって購買関与が高まる。例えば，最近流行・トレンドのファッション
や髪スタイル，贈り物であれば，購買関与が高まる。また，知覚リスクが高

くなれば，購買関与は高まる。例えば，今買わないと後で買えないという機
会損失リスク，使用しても安全なのかという物理的リスクなどが挙げられる。

3 関与水準と購買意思決定との関係

1 関与水準と購買意思決定

　ここでは関与による高関与と低関与の意思決定をはじめ，購買意思決定の
分類について述べる。購買意思決定プロセスの分類についてはさまざまな学
者が提示しているが，ここでは代表的な3つの分類について検討する。

(1) 高関与意思決定と低関与意思決定

　高関与意思決定は，消費者が購入しようとするアイテムが消費者にとって
重要で，間違って意思決定をすると被るリスク水準が高い場合になされると
されている。例えば，自動車，家など高価な耐久財と特定スタイルの衣装等
は消費者に経済的・社会的なリスクをもたらす。従来の消費者行動研究で示
されている購買意思決定プロセスは，主に消費者が高関与であることが前提
とされてきた。すなわち消費者は問題認識⇒情報探索⇒代替案評価⇒購買⇒
購買後評価といった手順を踏むとされている。
　一方，消費者にとって重要ではないアイテムの場合は低関与意思決定である。
したがって，低関与意思決定のプロセスは高関与意思決定のプロセスと異な
る。低関与であれば，消費者は問題認識⇒購買⇒購買後評価というプロセス
を踏むことが多いとされている。すなわち情報収集し，代替案評価を行った
後に購買をするというプロセスではなく，購買後に代替案評価を行うという
ものである。一般的に消費者は，認知的な努力を低減しようと動機づけられて
いるため，自分にとって重要ではない低関与製品やサービスに関しては，選
択後の失敗による多少のリスクを受け入れる代わりに情報収集にかかるコス
トを削減する。

コラム２▶関与度テスト

Q：あなたはファッションに関与していますか。一般項目に同意すればするほど，アンダーラインの項目に同意しなければしないほどファッションに関与していると見ることができる。

1. 衣類のショッピングが楽しい。
2. 私の服のスタイルが人々に影響を与えるかもしれない。
3. 個人の価値のために服は私にとって非常に重要である。
4. 私は自分のために服を購入することを楽しむ。
5. 私はファッションセンスを非常に重要なものと評価する。
6. 服が自分自身を表現すると考えている。
7. 私は人々の服装スタイルに影響力を持つ。
8. 服に関心が多いのは事実である
9. 私が購入した服の種類は，私自身が誰であるかを反映していない。
10. 私は服が楽しみを与えてくれるので服を購入する。
11. 服は私にとって無関心な主題である。
12. 服は私のイメージの一部ではない。
13. 他の製品と比較して，服は私にとって最も重要である。
14. 服を購入することは，自分自身へのご褒美と感じる。
15. 私は服についてまったく関心がない。

出所：Michaelidou, Nina, and Sally Dibb（2006）"Product Involvement: An Application in Clothing," *Journal of Consumer Behavior*, 5（5），p.453.

⑵　Howard & Sheth の購買意思決定のプロセス

　まず，ハワードとシェス（Howard and Sheth, 1969）の購買意思決定のプロセスであるが，消費者の問題解決状況を３つの類型に分類している。購買経験が増すにつれ，拡大的問題解決から限定的問題解決へ，そして日常的反応行動へと移動していくことになる。また，これは消費者の関与水準（高低）による反復的な意思決定プロセスである。[14]

①拡大的問題解決（extensive problem solving）：消費者は購買・消費経験がまったくなく，ブランドを評価・選好する基準を持っていない。必要とされる情報量は多く，意思決定時間は長くなる。関与水準でいえば，高関与の問題解決である。例えば，車や高級宝石品などである。

②限定的問題解決（limited problem solving）：消費者はすでに購買・消費

図表6-3　Howard & Shethの購買意思決定プロセスの分類

問題解決段階	拡大的問題解決	限定的問題解決	日常的反応行動
消費者の関与	高い		低い
ブランド（態度）	未形成		形成
情報量	多い	低 ← 購買経験 → 高	非常に少ない
意思決定時間	長い		非常に短い
購買頻度	低い		高い
コスト	高		低

出所：Howard, J. A., and J. N. Sheth（1969）, *The Theory of Buyer Behavior*, John Wiley & Sons., pp. 46-48を参考に筆者作成。

の経験があり，特定ブランドに対する強い選好はないが，想起集合のブランド数は多い。拡大的問題解決行動と比べ，必要情報量は少なく，意思決定時間も短い。関与水準でいえば，低関与と高関与との中間の問題解決である。例えば，アパレル商品などである。

③日常的反応行動（routinized response behavior）：消費者は特定ブランドに対して日常的に繰り返し意思決定を行っている。特定ブランドに対する強い選好を持っているため，必要とする情報量は非常に少なく，意思決定時間が非常に短い。関与水準でいえば，低関与の意思決定である。例えば，洗剤やトイレット・ペーパーなどである。

　購買経験が増すにつれ，拡大的問題解決から限定的問題解決へ，そして日常的反応行動へと移行していくことになる。この消費者の問題解決状況プロセスは，特定ブランドに対するロイヤルティ形成のプロセスでもある（図表6-3参照）。

　消費者の購買意思決定は，状況によって多様である。例えば，ダイヤモンド購入をハワードとシェスの購買意思決定のプロセスに当てはめると，拡大的問題解決（extensive problem solving）になる。それは消費者がダイヤモンドをまれにしか購入せず，それを評価するための基準がないからである。
　一方，洗濯洗剤の「アタック」は日常的反応行動（routinized response

図表6-4　Assaelの購買意思決定プロセスの分類

	高関与	低関与
意思決定	意思決定過程：**複雑な意思決定** 効果の階層：信念→評価→行動 理論：認知学習 例：乗用車，家具など	意思決定過程：**限定的意思決定** 効果の階層：信念→行動→評価 理論：受動的学習 例：清涼飲料，歯ブラシなど
習慣	意思決定過程：**ブランド・ロイヤルティ** 効果の階層：信念→評価→行動 理論：オペラント（道具的）条件づけ 例：香水，化粧品など	意思決定過程：**習慣的購買** 効果の階層：信念→行動→評価 理論：古典的条件づけ 例：トイレット・ペーパー，電池など

出所：Assael, Henry（2004）*Consumer Behavior: A Strategic Approach*, Houghton Mifflin Company, pp.100-103を参考に筆者作成。

behavior）に属する。消費者は購入した経験があり，それを評価する基準を必要としないからである。さらに重要な点は，ダイヤモンドはブランドを持っていないが，「アタック」は，品質に関する評判があり，多くの人々によって受け入れられている。店の中で，消費者は，何も考えず，「アタック」を手に取っている。

消費者はすでに製品やサービスを評価するための合理的な基準を設定しているが，ブランド間の違いを理解するための追加情報が必要な場合は，限定的問題解決（limited problem solving）を用いる。この意思決定のタイプは，消費者が以前に購入した製品の最新バージョンを購入するときに発生する。例えば，複数の入力デバイスを搭載した新しいノートパソコンを購入する場合，その一部の機能は以前には存在しなかったものである。例として，MDスロット，快速USBポートなどが挙げられる。

⑶　Assaelの購買意思決定プロセスの分類

アサエル（Assael, 2004）は，関与水準（高・低）と意思決定の水準（ブランド・ロイヤルティと限定的意思決定）という2次元によって購買行動を4つに分類している[15]（図表6-4参照）。

①複雑な意思決定

高関与な意思決定による購買行動で「複雑な意思決定」と呼ばれる。この

過程は一般的に問題認識→情報探索→代替案評価→選択・購買→購買後評価というすべての購買意思決定プロセスをたどる。「複雑な意思決定」を最も説明できる学習理論は，認知学習である（第4章の1を参照）。すなわち，消費者のブランドへの態度が形成された後に代替案評価が新たに形成される。これは，信念→評価→行動の階層で説明できる。消費者の購買行動や購買慣習を基準とすれば，買回品，最寄品，専門品の中で買回品と専門品に該当する。例えば，高価で，購買品度が低い乗用車，家具などである。

②ブランド・ロイヤルティ

高関与な習慣による購買行動で「ブランド・ロイヤルティ」が位置づけられる。消費者が特定ブランドに対して過去に満足した結果を得た場合，そのブランドに強くコミットするため，慎重に考えずにブランド選択を行う。「ブランド・ロイヤルティ」を最も説明できる学習理論は，オペラント（道具的）条件づけである（第4章の5を参照）。この過程も「複雑な意思決定」と同じく，信念→評価→行動の階層で説明できる。消費者の購買行動や購買慣習を基準とすれば，専門品に当たる。すでに知っている特定のブランドをオンラインで購入することで時間を節約することができる。例えば，香水，化粧品などである。

③習慣的購買

低関与な習慣による購買行動で，「習慣的購買」といわれる。消費者は受動的であり，ほとんど情報処理をせず意思決定をし，購買後にブランドを評価する。習慣的購買は意思決定を避けるために同一のブランドを反復的に購買する。「習慣的購買」を最も説明できる学習理論は，古典的条件づけである（第4章の5を参照）。この過程は，信念→行動→評価で説明できる。消費者の購買行動や購買慣習を基準とすれば，最寄品である。例えば，トイレット・ペーパー，電池，蛍光灯などに相当する。

④限定的意思決定

低関与な意思決定による購買行動で「限定的意思決定」という。この範疇に属する関与は低く，新しいソフトドリンクまたは新商品のスナック菓子は消費者の関心や好奇心を引き起こしはするが，情報探索とブランド評価をほとんどせず，購買を行う。この過程は認知的過程を含むが，「限定的意

思決定」に関係する学習過程は，能動的な情報探索とブランド評価がほとんど生じないため認知学習と異なる，受動的学習である（本章のコラム３を参照）。この過程は，「習慣的購買」と同様に信念→行動→評価で説明できる。消費者の購買行動や購買慣習を基準にすれば，「習慣的購買」と同じく最寄品である。例えば，飽きや新奇性によって，代替ブランドにスイッチする行動をとっており，清涼飲料，歯ブラシなどに当たる。

2 関与水準と知覚リスク対機会損失リスク

どのような製品・サービスかによって関与の水準が異なる。一般的に知覚リスクが高い製品・サービスほど関与が高くなる。すなわち，消費者個々人にとって重要である製品・サービスの場合に知覚リスクは高まるのである。

知覚リスクとは，ある意思決定による消費者の不安を指す。悪い結果が発生する可能性が高いとか，良い結果が発生する可能性が低いとかで知覚リスクは高まる。次の場合に知覚リスクが高まりやすいとされている。[16]

①新製品の場合，②製品の価格が高い場合，③技術的に複雑な製品の場合，④ブランド間の品質が異なり，消費者が劣ったブランドを選択する場合，⑤製品評価に経験がなく，確信がない場合，⑥他人の意見が重要である場合，そして製品の獲得，使用，処分決定を根拠に消費者が評価する可能性が高い場合，⑦製品に対する情報がほとんどない場合に知覚リスクが高くなる可能性がある。

また消費者は，購買意思決定の際に様々なタイプのリスクに直面している。[17]

①パフォーマンスのリスク：製品の品質や性能に関する不安。
②経済的リスク：金銭的損失に関する不安。
③身体的（安全）リスク：身体上の損害に関する不安。
④社会的リスク：準拠集団の承認に関する不安。
⑤心理的リスク：購買者の自尊心に関する不安。
⑥時間リスク：購入や使用，修理などの時間の損失に関する不安。

以上のリスクを取り除く方法として，消費者ができることは，①代替案を

よく評価するために多くの情報に接すること。例えば，インターネットによる情報収集はリスクを下げる手段になる。②ブランド・ロイヤルティ。同じブランドの反復的な購買は，消費者が製品に対して何を期待しているのかをわかっているため，購買結果の確信性を高める。③安い価格の製品を購入するか，少量購入するか。④製品に対する保証をもらうこと，などが挙げられる。

　企業にとっては，①製品に対する保証，②無条件の返品や返金保証，③安い価格での提供，④無料サンプルの提供，などは消費者の知覚リスクを低減させるマーケティング戦略である 。

　一方，消費者の機会損失リスクとは，その機会を逃すと買えなくなるかもしれないというリスクである。または，実際の購入によって発生した損失リスクではなく，購入してないことによって利益を得る機会を逃すことで生じる機会損失リスクのことである。例えば，①小売業や卸売業でのタイムサービスや，時間を限定して割引をするサービス。②限定販売や，企業が商品を地域や期間などに区切って販売すること。③健康食品の機会損失リスクのことも考えられる。健康食品を取らないことは健康になるための機会損失リスクになるかもしれない。健康を維持することによって病院に行かず，保険料も安く医療費もかからないことで貯蓄が増えるといった家計面でのメリットもある。

コラム3 ▶ 低関与（受動的）消費者と高関与（能動的）消費者との比較

受動的消費者に対する新しい低関与見解：

①消費者は無条件に情報を学習する。

②消費者は情報収集者である。

③消費者は広告の受動的なリスナーであるため，消費者に対する広告の効果は強い。すなわち，プロモーションに反応しやすい。

④消費者はまず購入する。もし消費者がブランドを評価するなら購入後に評価する。

⑤消費者は，問題が誘発される可能性が少ないブランドを購入し，少数の属性に基づいたおなじみの購入を主な要素としている。

⑥個性やライフスタイルの特徴は，製品が消費者の同質性と信念とに密接にかかわらないために消費者行動とは関係がない。

⑦準拠集団は，製品が集団の規範と価値観に関連する可能性がないため，製品の選択にはほとんど影響がない。

能動的消費者に対する伝統的な高関与見解：
①消費者は情報を処理する。
②消費者は情報探索者である。
③消費者は広告の能動的なリスナーであるため，消費者に対する広告の効果は弱い。
④消費者は購入する前にブランドを評価する。
⑤消費者は，期待できる満足を最大化しようとしている。したがって，消費者は自身のニーズやウォンツを満たしてくれるブランドを比較検討し，多属性の比較に基づいて購入する。
⑥個性やライフスタイルの特徴は，製品が消費者の同質性と信念とに密接にかかわっているために消費者行動と関係がある。
⑦準拠集団は，製品が集団の規範と価値観に対して重要であるため，消費者行動に影響を及ぼす。

出所：Assel, Henry（2004）*Consumer Behavior: A Strategic Approach*, Houghton Mifflin Company, p.105.

4 関与の仕組み

　消費者行動研究の分野では，多くの研究者から関与研究に関心が寄せられ，多様な関与概念を整理し分析するためのフレームワークづくりが行われた。

　ピーターとオルソン（Peter and Olson, 2005）は，関与の源泉として消費者特性，製品特性，状況的文脈の3つを挙げており，[18] シフマンら（Schiffman *et al.*, 2008）はその源泉から関与の状態が形成された後，調整変数（能力と機会など）を介して，情報処理プロセスへ影響を与えるとした。[19]

　また，青木（2010c）はシフマンらの知見をベースに関与の源泉と情報処理への影響について次の図表6-5のように示した。[20]

　これまで，関与概念にかかわる諸研究について論じてきた。ここでは，以上の議論を踏まえた上で，関与の仕組みについて考察する。

図表6-5 関与の源泉と情報処理への影響

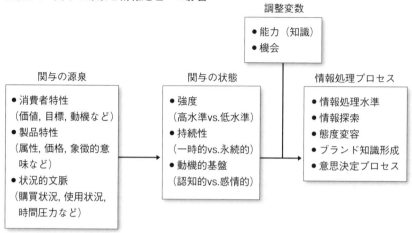

出所:青木幸弘(2010c)『消費者行動の知識』日経文庫, p.202。

　これまでの先行研究で示されたように，消費者はまず「関与の規定因（個人的要因，対象・刺激的要因，状況的要因）」から影響を受けている。次が，知覚リスクと機会損失リスクとの関係である。繰り返すが，一般的に知覚リスクが高い製品・サービスほど関与が高くなる。また，消費者にとって重要である製品・サービスの場合にも知覚リスクは高まる。

　一方で，消費者は，実際の購入によって発生した損失リスクではなく，購入してないことによって利益を得る機会を逃すことで生じる機会損失リスクにも直面している。従って，消費者には関与の規定因によって「知覚リスク」と「機会損失リスク」が生じ，それを通して「関与水準の高低」が創り出されていると考えられる。その後に，「態度変容」が起こり，形成された態度は本人の「能力（知識）と機会」を介した後に，そのレベルによって「高関与購買意思決定」，「低関与購買意思決定」，「意思決定できない」のいずれかになると考えられる。「意思決定できない」場合は，「関与の規定因」に戻るというフィードバック・ループとなっている。それが繰り返されることによって「高関与購買意思決定」か「低関与購買意思決定」かのどちらかの購買意思決定になるとされている。

図表6-6　関与と購買意思決定との関係

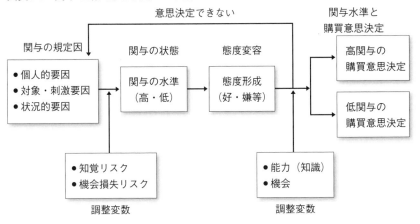

例えば，パソコンを例に考えると，関与の規定因の「個人的要因」,「対象・刺激要因」,「状況的要因」から仕事上パソコンの重要性を感じる。その後，パソコンの購入において様々な「知覚リスク」と「機会損失リスク」が生まれ,「高関与」の状態となり，パソコンに対する「態度（好き）」が形成される。次に，パソコンを購入できる「能力」という経済力と知識や「機会」という情報環境（どのような情報が利用可能か，またどのような形で提供されているのか）などを通して,「高関与購買意思決定」と「低関与購買意思決定」の中で「高関与購買意思決定」になるのである。図表6-6は関与と購買意思決定との関係について示したものである。[21]

....

コラム４▶低関与における広告戦略
①広告予算は頻繁に繰り返されるキャンペーンに費やす必要があり，継続的な短文メッセージを使用する。
②広告は，幅広い情報のキャンペーンに集中するよりも，いくつかの重要なポイントに集中しなければならない。
③視覚的要素及びメッセージではない要素（例：店内のレイアウト，包装）が強調されるべきである。
④広告は，自社製品と競合他社製品との差別化を持たせる基本的な手段でなければな

らない。低関与の製品は，ほとんど実質的なブランドの違いがないため，広告は差別化の主要な手段となる。

⑤印刷媒体よりもテレビ媒体がコミュニケーションの主要な手段となる。これは印刷媒体のコミュニケーションの場合のようにテレビが消費者にコミュニケーションの内容を評価するように要求していないからである。

出　所：Assael, Henry（2004）*Consumer Behavior: A Strategic Approach*, Houghton Mifflin Company, pp.108-109.

〈演習問題〉

(1)　製品を通して消費者の関与度を高める広告を考えてみよう。

(2)　消費者は多くの場合，事前にある特定のシリアルを購入する決定してから店舗に行ってそれを購入する。一方，他の消費者は店舗に入ってどのようなシリアルを購入するかを決定する。あなたはそれぞれの消費者にどのような差別的なマーケティング戦略を行うかを考えてみよう。

(3)　製品に対する消費者の関与度を高めるためにマーケターが使用できる戦略にはどのようなものがあるかを考えてみよう。

(4)　左脳と右脳に焦点を合わせた2つの広告を考えてみよう。あなたならどの広告を選択するのか考えてみよう。

(5)　低関与と高関与の媒体の相違について考えてみよう。

注)

1)　金成洙（2013a）「消費者購買行動とブランド構築—情報処理プロセスを中心に—」『商店街研究』日本商店街学会会報，No.25，pp.9-24。

2)　青木幸弘（1989）「消費者関与の概念的整理—階層性と多様性の問題を中心として」『商学論究』第37巻1・2・3・4号合併号，pp.119-138。

3)　Sherif, M., and Cantril, H. （1947）*The Psychology of Ego-involvements: Social Attitudes and Identifications*, John Wiley and Sons; Krugman, H. E.（1965）"The Impact of Televising Advertising: Learning Without Involvement," *Public Opinion Quarterly*, 29 (3), pp.349-356.

4)　Laaksonen, P.（1994）*Consumer Involvement: Concept and Research*, Routledge.（池尾恭一・青木幸弘監訳（1998）『消費者関与—概念と調査』千倉書房，p.7）

5)　和田充夫（1984）「マーケティング戦略の構築とインヴォルブメント概念」『慶応経営

論集』5（3），pp.1-13。

6） Peter, J. P., and J. C. Olson（2010）*Consumer Behavior and Marketing Strategy*, 9th ed., Irwin/McGraw-Hill, p.84.

7） Solomon, M. R.（2011）*Consumer Behavior: Buying, Having, and Being, Global Edition*, 9th ed., Prentice Hall., p.163.

8） 堀啓造（1991）「消費者行動研究における関与尺度の問題」『香川大学経済論叢』63（4），pp.1-56。

9） 詳しくは，以下の文献を参照されたい。堀啓造（1991）「消費者行動研究における関与尺度の問題」『香川大学経済論叢』63（4），pp.1-56。青木幸弘（2010a）「知識構造と関与水準の分析」池尾恭一・青木幸弘・南知恵子・井上哲浩編著『マーケティング』有斐閣，pp.164-199。青木幸弘（2010c）『消費者行動の知識』日経文庫，pp.195-199。平久保仲人（2009）『消費者行動論』ダイヤモンド社，pp.69-70。

10） 丹野義彦（2005）「ストレスとメンタルヘルス」長谷川寿一・東條正城・大島尚士・丹野義彦編著『心理学』有斐閣アルマ，p.132。

11） 青木幸弘（2010a）前掲論文，pp.164-199。

12） Bloch, Peter H.（1986）"The Product Enthusiast: Implications for Marketing Strategy," *Journal of Consumer Marketing*, 3（3），（Summer），p. 52.

13） Solomon, M. R.（2011）*op. cit.*, pp.167-172.

14） Howard, J. A., and J. N. Sheth（1969）*The Theory of Buyer Behavior*, John Wiley & Sons, pp.46-48.

15） Assael, Henry（2004）*Consumer Behavior: A Strategic Approach*, Houghton Mifflin Company, pp.100-103.

16） Hoyer, Wayne D., Deborah J. Maclnnis, and Rik Pieters（2018）*Consumer Behavior,* 7th ed., Cengage, pp.58-59.

17） Assael, Henry（2004）*op. cit.*, p.173; Hoyer, Wayne D., Deborah J. Maclnnis, and Rik Pieters（2018）*ibid.*, p.59.

18） Peter, j. p. and J. C. Olson（2005），*Consumer Behavior and Marketing Strategy*, 7th,ed., Irwin/McGraw-Hill, p.92.

19） 能力とは，消費者の情報処理能力や意思決定を実行する際に必要となる時間や経済力などの資源をいう。情報処理能力の主な規定因としては，体験や経験を通じて蓄積された様々な知識や認知スタイルなどである。機会とは，どのような情報が利用可能であり，またどのような形で情報提供されているのかという情報環境のことを指す。利用可能な情報が存在するのか，情報の提供方法や使い勝手の良さ，価値の高い情報内容などがポイントになる（青木幸弘（2010c）『消費者行動の知識』日経文庫，p.140; Schiffman, L., D.

Bednall, A. O' Cass, A. Paladino, S. Ward, and AL. Kanuk（2008）*Consumer Behavior,* 4th ed., Pearson Education Australia, pp.203-209）。

20）青木幸弘（2010c）同上書，pp.202-203。

21）金成洙（2014）「消費者行動研究における関与研究について」『専修大学社会科学研究所月報』専修大学社会科学研究所，No. 616，pp. 1-15。

第7章

消費者行動とサービス・ドミナント・ロジック

学習の要点

①ペティ・クラーク法則を通して，サービスの必要性や重要性，そして消費者需要の変化を理解し，またサービスがどのようなものであるかについて把握するために，サービスの概念，特性について学習する。

②サービスの購入意思決定プロセス（購入前ステージ，サービス・エンカウンター・ステージ，購入後ステージ）について理解する。

③サービス企業にとって極めて重要である，顧客満足，サービス品質，サービス・マーケティングの基本フレームワーク，サービス・マーケティング・ミックスのフレームワークを学習する。

④サービスの今後の課題や展望として，企業と消費者との価値共創がどうあるべきかをサービス・ドミナント・ロジックを通して理解し，企業と顧客との新たな関係を学習する。

キーワード

・サービス
・ペティ・クラーク法則
・サービスの購入意思決定プロセス　　・サービス品質
・サービス・マーケティング　　　　　・7C
・サービス・ドミナント・ロジック

1 消費者とサービス

1 消費者とサービスの理解

　経済発展につれて，消費者の関心はハードからソフトへ，有形財から無形財へ，モノ中心からサービス中心へ，と動きを示す。このような移行は市場が成熟化すればするほど，その傾向が強く現れるようである。この傾向性の最も基本的なものにペティ・クラーク法則がある。[1]

　この法則は，まずイギリスの経済学者ペティが産業ごとに賃金が異なることを発見したことに始まる。すなわち，農業，工業，商業の順に収益が高くなるという一般的な経験法則である。その後，クラークは経済の成長と発展につれて，就業人口の多くを占める段階が，次第に第1次産業（農業，林業，水産業など）から，第2次産業（製造業，建設業など）へ，そして第3次産業（情報通信業，金融業，運輸業，販売業など：広義のサービス業）へと移動することを確認した。ペティの発見を元に，クラークが経済の発展とともに第1次産業→第2次産業→第3次産業へと就業人口の比率の重点がシフトしていくと示したため，この法則は，ペティ・クラーク法則と呼ばれている。

　この法則は，各国経済発展の段階を調べるために極めて有効となるものであり，ほとんど例外なく世界各国に適用されている。

　我が国の経済発展の段階について，総務省の統計データをもって詳しく検討してみよう。産業ごとに2000年と2015年との15年間の就業者数の推移をみると，2000年の第1次産業は5.1％，第2次産業は29.2％，第3次産業は65.7％である。一方，2015年の第1次産業は3.8％，第2次産業は23.6％，第3次産業は72.6％である。すなわち，2015年は2000年比（15年間）で第1次産業は−1.3％，第2次産業は−5.6％と減少したが，第3次産業は6.9％増えている。就業者数の実数においても，同じく第1次産業と第2次産業は減少し，第3次産業は増加したのである。特に第2次産業の減少幅が大きいが，これは引き続く生産基地の海外移転や東南アジア諸国からの製品輸入増などによると推測される。

図表7-1　産業（大分類）別15歳以上就業者数の推移　　　　　　　　（単位：千人）

産業	実数（%）			
	2000年	2005年	2010年	2015年
総数	63,032　（100.0）	61,530　（100.0）	59,611　（100.0）	58,919　（100.0）
第1次	3,208　（5.1）	2,981　（4.8）	2,382　（4.0）	2,222　（3.8）
第2次	18,391　（29.2）	15,957　（25.9）	14,123　（23.6）	13,920　（23.6）
第3次	41,433　（65.7）	42,591　（69.3）	43,106　（72.4）	42,777　（72.6）

注：第1次産業は「農林漁業」，第2次産業は「鉱業」「建設業」「製造業」，第3次産業は「電気・ガス・
　　熱供給・水道業」「情報通信業」「運輸業」「卸売・小売業」「金融・保険業」「不動産業」「飲食店，
　　宿泊業」「医療，福祉」「教育，学習支援業」「複合サービス事業」「サービス業（他に分類され
　　ないもの）」。
出所：総務省統計局ホームページ（http://www.stat.go.jp/data/kokusei/2015/kekka/kihon2/pdf/
　　gaiyou.pdf　2019年5月1日にアクセス）より作成。

　以上のように，我が国にも，ペティ・クラーク法則が適用されるといえよ
う。これを示したのが図表7-1である。

　先述したように，2015年の就業者のうち72.6％は第3次産業（サービス
業）によって生み出されており，他の産業と比べ極めて高い割合を占めてい
る。このサービス化への重要な要因は消費者の需要の変化である。

　そうした背景にはいくつかの理由が窺える。まずサービス産業の高い割合は，
経済の発展に伴ってみられる構造の変化である。すなわち，一国の経済が発
展すればするほど高度なサービスを求める傾向が強く，それによってサービ
スのシェアが拡大しつつある。第2に，2015年の全就業人口の72.6％がサー
ビス業に従事していることから，消費者のサービスへの関心は極めて高いと
いえる。第3に，消費者によるサービス支出の高まりである。これは単身世
帯の増加による家事活動の外部化，高齢化社会への移行，消費者ニーズの個
性化・多様化，女性の社会進出，豊かさの高まりなどの変化が，モノそのも
のの製造以上にいずれもサービス需要を成長させる要因となっている。

　一方，農業者や製造業者においても，単にモノを作る生産だけでは，同
業者との競合と景気低迷の中で安定した収益を確保しにくくなり，研究開発，
企画調査，自社商品のブランディング，販売，保証などといったサービスと
ソフト部門が収益源に影響を与えることから，サービスへの関心が拡大しつ

つある。

　こうした経済のサービス化が進展している現在では，サービスへの関心はますます大きくなってきており，サービス・マーケティングの重要性が認知されるようになっている。

2　サービスの定義と特性

　サービスとは何か。この問いに対して我々消費者は，真剣にその意味を考えたことはあるのだろうか。我々は，サービス業に関わる研究者や実務家は別として，サービスの意味を考えたことはあまりないだろう。そこで，この節ではサービスの意味を考察してみよう。

　まず，広辞苑（2018）によると，サービスは「①奉仕。他人のために尽力すること。②給仕。接待。③商店で値引きをしたり，客の便宜を図ったりすること。④物質的生産過程以外で機能する労働。用役。⑤（競技用語）⇒サーブに同じ」[2]と指摘している。

　このように私たちが日常的に使うサービスという言葉は，奉仕，接待，おまけなどという意味合いが強い。すなわち，消費者のために，消費者が得することを好意でしてあげる，という意味合いがある。このような観点に立つと，サービスを顧客満足として捉えようとする方向も窺える。

　こうした考え方を徹底的に追求していけば，サービスの本来の意味，そのものが「何」であるかという，サービスの本質を明らかにすることができるかもしれない。

　AMA（1960）によれば，「販売に供されるか，あるいは財貨の販売に関連して提供される活動，便益，満足」[3]と規定されている。この定義からもわかるように，財貨の販売とともに提供される活動とそれによって生み出される便益，そしてそれを通しての評価である満足が示されている。すなわち，満足を重要視しているのである。

　このようなことから，サービスには買い手の満足が必要不可欠な前提条件であることが窺える。

　以上のレビューを踏まえて，サービスを顧客満足として捉えて規定すると

以下の如くである。

「サービスは売り手が買い手のニーズやウォンツを充足（顧客満足）させる
　ために価値を創造する社会経済的，経営的諸プロセスである」。

　すなわち，本章でのサービスとは顧客満足を指し，顧客が受けて喜びを感
じるもので，感動・感激・感謝の気持ちを感じさせられるものを前提として
いる。こうした観点に立つと，無形の割合が高いサービスはいうまでもなく
サービスではあるが，顧客を満足させないサービスは完全なサービスではな
いことになる。簡潔にいうと，無形の割合が高いサービスでも受ける側が喜
びを感じない場合は，不完全なサービスになるということである。
　一方，サービスは一般的に4つの特性によって物財と区別することができ
る。これらサービス特性はサービス企業のマネジメントへ影響を与えると主
張されてきた。[4)]

(1)　無形性（intangibility）
　サービスは，形がないこと，人が見たり，聞いたり，味わったり，匂いを
嗅いだり，触ったり，感じたりすることができないということである。しか
し，無形財のすべてがサービスであるわけではない。例えば，著作権，特許
権，放映権などがある。

(2)　不可分性（inseparability）
　サービスは，生産と消費を切り離すことができないということであり，同
時性ともいわれる。顧客はサービス提供者がサービスの場面に居合わせるこ
とを前提としている。例えば，病院，美容院，教育などである。

(3)　多様性（variability）
　サービスは，いつ誰がどこでどのようにサービスを提供するかによって
サービスの品質が多様になるということである。例えば，顧客の間にもサー
ビスの受け止め方が異なり，同じサービス提供者からサービスを受けても日
によって感じ方が異なったりする。

⑷ 消滅性（perishability）

　サービスは，生産されると同時に消滅するため保管することができないということである。例えば，飛行機の空席，ホテルの空室などである。

　サービスにはこの４つの基本的特性があるので，有形財とはマーケティングのアプローチが異なってくるのである。サービス提供側は，消費者のニーズやウォンツの変化に合わせて，これらの特性をいかに適切に対応させていくかが課題となる。

コラム１▶無形要素がサービス価値を生み出す
　リン・ショスタック（Lynn Shostack, 1977）は，物とサービスをうまく区別する

図表7-2　物やサービスの価値の有形性・無形性

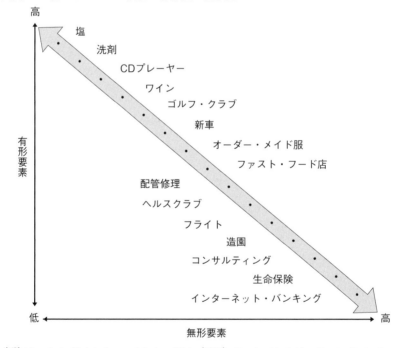

出所：Lovelock, Christopher, and Jochen Wirtz（2007）*Service Marketing: People, Technology, Strategy.* 6th ed., Peason Education.（白井義男監修・武田玲子訳（2008）『ラブロック＆ウィルツのサービス・マーケティング』ピアソン・エデュケーション，pp.19-20）

手法を最初に提起した。これは商品として有形要素と無形要素のどちらが重要であるかで判断するというものである。図表7-2はさまざまな物やサービスをあてはめた仮説スケールである。オーダー・メイド服，ファスト・フード店，配管修理，ヘルスクラブなど中間に近いものは，物を販売しているのか，またはサービスを提供しているのか，どちらにも分類しにくい。これらを区分する方法として，有形要素と無形要素のどちらの価値が高いかという金額ベースの経済的指標もある。例えば，レストランの場合，食材の価格は20〜30％であり，残り70〜80％は食材の調達・調理，レストランの雰囲気，テーブル・サービス，そして駐車場やトイレなどの設備利用のための価格である。

2 ラブロックとウィルツのサービスの購入意思決定モデル

　マーケターは，効果的なマーケティング戦略を策定するためには消費者がサービスの購入や利用をどのように意思決定するのか，消費者にとってサービス提供やサービス消費はどのようなものなのか，消費者がサービスをどのように評価するのかについて理解する必要がある。

　ラブロックとウィルツ（Lovelock and Wirtz, 2007）は，サービスの購入意思決定を①購入前ステージ，②サービス・エンカウンター・ステージ，③購入後ステージ，といった3つのステージに分類している[5]（図表7-3参照）。

1 購入前ステージ（prepurchase stage）

　購入前ステージは大きく問題認識，情報探索，代替案評価，購入意思決定といった4つに分けられる。

(1) 問題認識

　この段階は「ニーズ喚起」とも呼ばれる。消費者はニーズやウォンツを満

図表7-3　サービスの購入意思決定プロセス

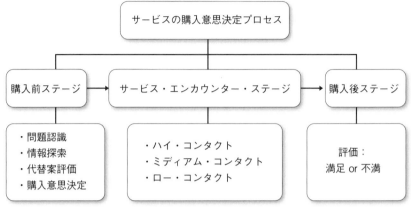

出所：Lovelock, Christopher, and Jochen Wirtz（2007）*Service Marketing: People, Technology, Strategy*, 6th ed., Peason Education.（白井義男監修・武田玲子訳（2008）前掲書, pp.46-73）を参考に作成。

たすためにサービスを購入する。そのニーズとは空腹を満たしたい，人気の観光地をめぐりたい，将来への不安を感じることから保険や定期預金に加入したい，健康上の問題で病院に行きたいなどである。

　先進国では高級レストランでの食事，贅沢な旅行，スポーツ観戦，エンターテイメントなどへの出費が増加し，物の購入を少し減らしてでもサービスを楽しみたいという傾向が強い。こうした消費者行動や考え方の変化は，ニーズやウォンツの変化に迅速に対応しようとするサービス業にとってのビジネスチャンスとなる。

(2)　情報探索

　消費者は問題認識が刺激されると，解決策となるサービスを探し始め，そのための情報探索をする。旅行の例を取り上げて考えてみよう。あなたは旅行に関連する情報を得るために，旅行に関する知識を想起したり，友人に尋ねたり，オンラインで調べたり，雑誌でレビューを読んだり，旅行代理店に聞いてみたり，個人的にいくつかの旅行プランを確認することができる。

(3) 代替案評価

　多くの場合，サービスは購入する前に評価をするのが極めて難しい。物は購入して気に入らなければ，返品や交換が可能な場合もあるが，サービスではとても難しい。例えば，演劇，授業などで内容に不満があっても，やり直してもらう，というわけにはいかない。

　サービスの購入前の評価には「探索属性」，「経験属性」，「信頼属性」といった3つの考えがある[6]。まず「探索属性」は多くのサービス環境に見られる。衣類の試着，車の試乗，食品の試食などである。例えば，レストランでは，あらかじめレストランの料理の内容，立地，価格，評判などを調べることができる。

　次の「経験属性」は消費者の経験によるものである。旅行，スポーツ観戦，ライブ・イベント，医療サービスなどに経験属性が高い。レストランを例に挙げると，料理の味つけ，従業員のサービス，雰囲気などについては直接的にそこで体験をしてみないとわからない。注意すべき点は，同じサービス内容でも人の好みや経験によって評価が異なる場合がよくあることだ。

　最後の「信頼属性」は，実際にサービス・ベネフィットを得られると信じる属性である。車や家電の修理・メンテナンス，病院での手術，法律相談などの専門的なサービスを提供している組織でよく見られる。レストランを例にすると，表示された生産地，衛生状況，食材の鮮度管理などへの信頼である。

(4) 購入意思決定

　消費者は，代替案評価で形成されたサービスに対する態度に従って1つのサービスを選ぶといった，意思決定（選択と購入）をする。ただ，サービス利用の際は，自分の都合次第では，とりわけ価格対利便性などについて妥協することが多く見られる。例えば，レストランに行く際にタクシーを利用するか，電車やバスを利用するかの選択の場合，利便さのために余分な費用を払う価値があるかどうかを考える。また，人気があるミュージシャンを間近で見られる席についても同じく，費用面で妥協しなければならないこともある。

　消費者はサービスの購入意思決定をすると，次のサービス・エンカウン

ター・ステージへと進むことになる。

2　サービス・エンカウンター・ステージ
（service encounter stage）

　サービス・エンカウンターとは，マーケターの管理する環境下で，顧客と
サービス提供組織間になんらかの側面で直接的な相互作用が発生する一定の
期間をいう[7]。例えば，ホテルに泊まること，銀行やレストランを利用するこ
と，タクシーを乗ること，などである。

　ラブロックとウィルツ（Lovelock and Wirtz, 2007）は，消費者とサービ
ス・スタッフや消費者と物理的なサービス要素，または消費者と両者との接
触が，どの程度密接かによってサービスを以下の3つのグループに分類して
いる[8]。

(1)　ハイ・コンタクト・サービス（high-contact services）

　これは消費者とサービス提供側との間にずっと密接な関係が保たれる場合で
ある。消費者がサービス提供側から直接具体的なサービスを受けたり，サービ
ス施設を訪れて自ら積極的・能動的に施設を利用したりする場合である。例
えば，病院，美容院，高級レストラン，特別養護施設などである。

(2)　ミディアム・コンタクト・サービス（medium-contact services）

　これはハイ・コンタクト・サービスとロー・コンタクト・サービスの中間
に位置づけされており，消費者とサービス組織の関わり合いが中程度の密接
さである。例えば，映画館，車の修理，ドライ・クリーニング，地下鉄など
である。

(3)　ロー・コンタクト・サービス（low-contact services）

　これは消費者とサービス提供側との間のコンタクトが最小限に留まるか，
持たれない場合である。便利さを求める現代社会では，ハイ・コンタクトか
らミディアム・コンタクトへと，ミディアム・コンタクトからロー・コンタ

クトへと急速に進み，消費者はサービス組織との対面サービスよりセルフ・サービスを行う機会が増えている。例えば，保険や銀行では対面サービスから郵便や電話での取引，さらにセルフ・サービスのインターネットでの取引も行われている。また多くの情報サービスの検索や利用は，対面サービスがあるリアル店舗からセルフ・サービスのバーチャル店舗へと移行している。

　実際多くの消費者は１つのコンタクト・サービスだけを利用するのではなく，異なるレベルのコンタクト・サービスを併用することが多く見られている。オムニチャネル（リアル店舗とバーチャル店舗を統一し，あらゆる方法で顧客をフォローして販売機会の損失を防ぐというもの）がその例の１つである。

3　購入後ステージ（postpurchase stage）

　購入購買後ステージの内容は，サービスの本質に密接に関係するため，次節（**3** 顧客満足とサービス品質）で改めて詳しく解説したい。

3 顧客満足とサービス品質

1　顧客満足

　顧客満足がマーケティング領域で研究されるようになったのはカルドゾ（Cardozo, 1965）の研究が最初であるといわれている[9]。その後，オリバー（Oliver, 1980）の期待－成果不一致モデルと呼ばれる概念フレームワークが登場し，理論的な支柱となっている[10]。この基本概念は，製品やサービスに対する顧客の購入前の期待が，購入後の知覚される評価（客観的評価）との相対によって，顧客満足の水準が決まるという理論仮説である。

　すなわち，顧客満足度は顧客があるものを受けてから評価するもので，顧客が購入前に抱く期待の大きさと購入後の売り手の成果（客観的評価）との相対によって決まる。換言すれば，満足度は顧客の購入前の期待と購入後の

図表7-4　顧客満足度

$$顧客満足度 : \frac{購入後の知覚される\textbf{成果}}{購入前の顧客の\textbf{期待}} \geqq 1$$

知覚される成果によって判断されるのである。

　こうした観点に立つと，顧客に焦点を合わせた満足に対する評価基準は，購入前の期待と購入後の知覚される成果（あるいは結果）という2つの尺度で表すことができる。すなわち，顧客が購入する前の期待に比べ成果がより大きければ大きいほど，あるいは等しければ顧客が満足を得ることができるということである。これを示したのが図表7-4である。

　企業にとって，顧客を満足させることは企業の盛衰にかかわる死活問題であるだけに，極めて重要である。長期にわたって顧客を満足させることができなければ，企業の成長はもとより同業他社とのビジネス競争で打ち勝つことができないのである。

2.　サービス品質

　消費者が商品価値を評価する基準として用いられるのは，品質である。しかし，サービスの品質は，固有の特性（無形性，不可分性，多様性，消滅性）を有するため，測定するのが困難を極める。

　消費者はどのようにしてサービス品質について期待をし，どのように評価しているのか。消費者の期待はサービスを購入前ステージ（問題認識→情報探索→代替案評価→購入意思決定）の第2の行動である情報探索（information search）から得た知識にもとづいて形成される。

　消費者の情報探索は，まず記憶内の関連情報を探索する内部情報探索（internal information search）から始まる。もし，記憶内に十分な情報が存在しない場合には外部の情報源を探索する外部情報探索（external information search）が行われる。通常，消費者は問題（ニーズやウォンツ）を認識し情報が必要になった時，過去の購買経験を通して記憶内の関連情報を探索する。

しかし，記憶内に十分な関連情報が存在しないと判断した場合には，友人や知人などの口コミ情報，広告やセールスマンなどのマーケティング情報，新聞や雑誌の記事などのパブリック情報などといった外部から情報を取得する。[11]

　一方，サービス品質の評価基準[12]においては，サービス企業の視点からみたサービス品質と顧客の視点から見たサービス品質は異なる。前者のサービス品質とは，企業側が設定した仕様や必要性から構成される各サービス特性の水準を意味する。後者のサービス品質とは，提供されたサービスがどれほどうまく顧客の期待に沿っているか，あるいは期待を上回っているのかを意味するものである。そのギャップをいかに埋めていくかがサービス企業の今後の課題となる。なぜならば，サービス品質が高まることで顧客満足が高まり，それによってロイヤルティが高まり，その結果サービス企業は消費者との間に永続的な関係性を確立できるからである。

　これまでに説明したように，消費者側のサービスに対する品質評価は，消費者自身の内部にある基準によって大きく左右される。消費者の内部の基準は，消費者自身がサービスを受ける前に形成されるものである。したがって，消費者はそのサービスを受ける前に，これまでの使用経験，または口コミや広告などによって期待を形成する。この期待の水準によって当該サービスの品質が評価されるのでサービス品質を適切に評価することが難しいとされてきた。

　そこで，パラスラマンら（Parasuraman *et al.*, 1985）が，サーブクォール（SERVQUAL）というサービス品質の評価尺度を開発した。[13]サーブクォールはサービス（service）と品質（quality）を組み合わせた造語で，今日最も広く使われているサービス品質の測定尺度である。また，パラスラマンら（Parasuraman *et al.*, 1988）は，サービス品質を顧客のサービスに対する期待と知覚とのギャップとして概念化した。これを使って顧客の知覚品質（消費者が心の中で抱く品質）を測定することが可能となった。

　この尺度は顧客がサービスをどう感じるかという視点から開発されたもので，サービス・システムに内部化された5つの主要なギャップがサービス品質ギャップに影響を与えているとされる。[14]

有形性 （tangible）：物理的な施設，設備，道具，従業員の外見など

信頼性 （reliability）：顧客との約束を確実かつ正確に提供する能力

反応性 （responsibility）：迅速にサービスを提供しようとする努力

確実性 （assurance）：従業員の知識，技術，礼儀正しさ，そして信頼や自信を伝える能力

共感性 （empathy）：企業が顧客1人ひとりに提供する気遣い

　この測定は，サービス企業が同業他社と対比して自社の顧客へのサービスの品質を評価することができるなど，自社の提供するサービスの品質のレベルを計測できる有効な品質評価尺度である。

　しかし，サーブクォールはオンライン・チャネルや小売業の分野では不適切であるという研究報告があったため，オンライン・チャネル分野においてはパラスラマンら（Parasuraman *et al.*, 2005）が，新たにウェブ・サイトを介したサービスの測定尺度として，22の質問によって4つの主要項目に関する顧客評価を調べる「E-S-QUAL」を開発した[15]。その4つの主要項目は，①効率性（わかりやすい設計，迅速な取引，ウェブ・サイトへのスムーズな接続），②システムへのアクセス（サイトへの自由な接続，立ち上げの早さ，安定した接続状態），③実効性（発注どおりのサービス提供，サービス内容表示の正確さ），④プライバシー（情報管理が行われ，個人情報流出の危険がない），といった指標である。

　一方，小売業の分野においてはダーボルカーら（Dabholkar *et al.*, 1996）が，小売店のサービス品質の測定尺度として，RSQS（Retail Service Quality Scale）を開発した[16]。ダーボルカーらが提示したRSQSは，百貨店や専門店などのようなサービスと商品をミックスして提供する小売業・ビジネスモデルの研究には適合することが明らかになった。小売店のサービス品質尺度は，以下のように5つに分類できる。

　物理的状況（physical aspects）は，施設の外観や店舗施設の利便性を意味しており，店内の施設，什物の利便性，店舗レイアウトなどをさす。

　信頼性（reliability）は，顧客と約束したサービスを正確に遂行する能力を

意味しており，約束，正確性などに対応する。

人的相互作用（personal interaction）は，小売店の売場従業員の態度や親切さを意味しており，サービス提供者の知識，親切，礼儀，安全性などに該当する。

問題解決（problem solving）は，顧客の諸問題を心から解決しようとする関心の深さを意味しており，返品・払い戻し，迅速な対応などのことである。

政策（policy）は，消費者へのサービス品質に直接影響を及ぼす小売店の基本的な戦略を意味しており，MD政策，駐車施設，営業時間などをさす。

サービス企業にとっては，サービス品質が企業の成功に大きく影響するだけに，どのような消費者層が自社を評価するのか，またどのような要因が自社のサービス品質を強化や弱化させるのかなどを十分に知る必要がある。

4 サービス・マーケティング

1 サービス・マーケティングの基本フレームワーク

上記で指摘したようにサービス企業の注目すべきことは顧客満足という視点である。

嶋口（1997）によると，「マーケティングの本質的な役割は顧客満足を中心とした市場における『成長の仕組みづくり』という視点である」[17]と指摘している。このことから企業は顧客満足に注意を払うことによって自社に対する顧客のロイヤルティを高めることができる。その結果，企業は成長の仕組みづくりができるということであろう。

以降ではこのことを意識しつつ，論を進めよう。

そこで，顧客満足についてやや立ち入った説明を試みておこう。

コトラーとケラー（Kotler and Keller, 2016）によるとサービスのマーケティングにはインターナル・マーケティング（internal marketing），インタラクティブ・マーケティング（interactive marketing），エクスターナル・マーケティング（external marketing）が必要であると述べている。[18]

　浅井（2003）によると，サービス・マーケティングは組織，接客従業員，顧客の３つの要素から構成されていると指摘している。[19]これらの３つの構成要素はそれぞれ充足すべき目標を持ち，その達成によって満足を得ようとするものである。そして，サービス・マーケティングの枠組みはインターナル・マーケティング（internal marketing），エンカウンター・マーケティング（encounter marketing），エクスターナル・マーケティング（external marketing）の３つのサブ・マーケティングから構成されていると論じている。

　インターナル・マーケティングは，社内顧客としての現場の従業員を対象に設定された概念である。これは組織内部のコミュニケーションを重視した従業員満足のファクターである。例えば，研修，報酬などである。

　エンカウンター・マーケティングは，買手と売手との相互作用を対象に設定された概念である。これは売手が買手との人間的接触を通して，顧客の期待を確認し，顧客と協力して顧客の期待に応えるというサービス提供時点でのコミュニケーションを重視した顧客満足ファクターである。例えば，挨拶，気配りなどである。

　エクスターナル・マーケティングは，最終顧客を対象に設定された概念である。これは企業が顧客の期待創造という外部の市場（顧客）へのコミュニケーションを重視した顧客満足のファクターである。例えば，企画，イベントなどである。これを示したのが図表7-5である。

　これらの３つの構成要素の間を結ぶ矢印が双方向に向かう形で示してあるのは，管理者のリーダーシップが２ウェイの開かれたコミュニケーションとフィードバックを前提として発揮されるべきことをあらわしたものである。

　優れたサービス企業は，積極的な従業員態度がより強い顧客ロイヤルティを促進させると理解している。このことは経営者と従業員との良好な関係が

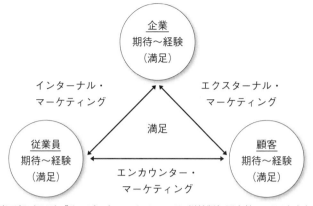

図表7-5　サービス・マーケティングの基本フレームワーク

企業
期待～経験
（満足）

インターナル・
マーケティング

エクスターナル・
マーケティング

満足

従業員
期待～経験
（満足）

顧客
期待～経験
（満足）

エンカウンター・
マーケティング

出所：浅井慶三郎（2003）『サービスとマーケティング　増補版』同文舘，p.174をもとに作成。

従業員と顧客の関係に影響を及ぼすことであり，サービス企業が顧客を満足させたいなら，顧客ではなく従業員を大切にしなければならないということである。

　ここで強調したいのは，満足があるところでこそ企業の成長の仕組みづくりができるということである。上記のトライアングル間の満足に優先順位をつけるとしたら，なにより従業員満足が先であろう。なぜならば，不平・不満を抱く従業員は，顧客の満足度を高めるようなサービスを提供できないからである。したがって，サービス企業は最優先的に消費者より従業員をいかに満足させるかが極めて重要な課題であり，そのためには定期的に従業員に対する満足度を調べる必要がある。

2　マーケティングの4Pとサービス・マーケティングの7P

　マーケティング戦略の中心課題は，決定した対象市場に適応したマーケティング・ミックスの構築であり，そのマーケティング・ミックスとは，企業が標的市場でマーケティングの目的を達成するために用いるマーケティング・ツール（marketing tools）の組み合わせのことである。

　マーケティング・ミックスの最も一般的なものは，マッカーシー（McCarthy,

1960）が指摘したproduct（製品），price（価格），promotion（プロモーション），place（場所，販売経路，物流）であり，マーケティングの4Pとして知られている（第1章 **2**-3参照）。これらは顧客がその商品を購入するかどうかの意思決定に極めて影響する主要な要因であり，したがって，サービス・マーケティングにおいても重要な要因となる。しかし問題はサービス業の場合，これだけで十分に説明ができるか，という点である。

　そこで，ブームズとビトナー（Booms and Bitner, 1981）によると，サービス・マーケティングとして，マッカーシーがいう4Pに人（participants），プロセス（process），物理的証拠（physical evidence）という3つのPを付け加えた，7Pを主張している。[20]これらの3Pの新要素はサービス・マーケティングの性質を把握し，物財と比較したときのサービス製品特有の性格を表しているという。

3　サービス・マーケティングの7C

　上記のマッカーシーがいうマーケティング・ミックスの考え方は，商品のマーケティングであり，サービス業のマーケティングではない。すなわち，商品をコアとするマーケティングの4つの戦略的変数の意思決定モデル（4P）からサービスをコアとする新しい戦略的変数の意思決定モデルに再構築する必要がある。前述したようにサービスとは顧客満足であり，顧客のために行うものであり，顧客をコアとして考えるべきである。真のサービスは，顧客が喜ぶものであろう。

　そこで，ローターボーン（Lauterborn, 1990）によると，4Pは顧客からの視点の4つのC（4C）に置き換えて説明でき，顧客中心の4Cの検討から入るべきだと指摘している。[21]すなわち，顧客価値（customer value），顧客コスト（customer cost），利便性（convenience），コミュニケーション（communication）を強調しているのである。

　本章でのサービス概念の主張は顧客満足を前提にして進めている。したがって，上記の7Pを顧客から見た7Cに置き換えて議論を進めたい。[22]

　まずマッカーシーの4Pはローターボーンに倣い4Cにするが，ブームズとビト

図表7-6　サービス・マーケティング・ミックスのフレームワーク（7C）

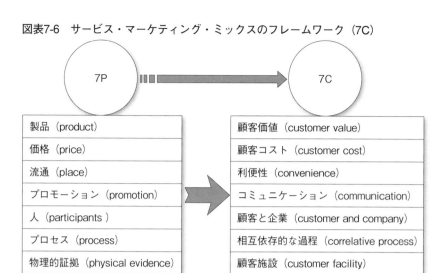

7P	7C
製品（product）	顧客価値（customer value）
価格（price）	顧客コスト（customer cost）
流通（place）	利便性（convenience）
プロモーション（promotion）	コミュニケーション（communication）
人（participants ）	顧客と企業（customer and company）
プロセス（process）	相互依存的な過程（correlative process）
物理的証拠（physical evidence）	顧客施設（customer facility）

ナーの人（participants），プロセス（process），物理的証拠（physical evidence）という3Pを，顧客をコアとする顧客と企業（customer and company），相互依存的な過程（correlative process），顧客施設（customer facility）という3Cに置き換えることにしたい。

　以上の7つのCを並べると，顧客価値（customer value），顧客コスト（customer cost），利便性（convenience），コミュニケーション（communication），顧客と企業（customer and company），顧客施設（customer facility），相互依存的な過程（correlative process）であり，これらを本章ではサービス・マーケティング・ミックス（7C）のフレームワークと呼ぶことにする。これらをまとめると，図表7-6のようになる。

　サービスのマーケティング・ミックスのフレームワークについて今までの議論を踏まえて7つのCそれぞれの骨子を要約すると上記のようになる。

(1)　顧客価値（customer value）
　顧客価値は，主に顧客に価値を生み出すパフォーマンスである。顧客から見て企業が提供するサービス価値であり，それは顧客のニーズやウォンツに

対して満足する価値を創造することである。例えば，サービスのコンセプト，
サービス品質，パッケージなどである。

(2) 顧客コスト（customer cost）

　顧客コストは，主に顧客が支払う費用への対応である。顧客がサービスの
生産プロセスに参加するため，価格設定は企業の方針を基に，顧客の意思決
定と競争相手の価格設定などをベースに行う。例えば，高価格・低価格政策，
競争相手の価格水準，割引，期間などである。

(3) 利便性（convenience）

　利便性は，主に顧客の購買時の利便性の確立である。サービス業の場合は
サービスという特徴から便利な場所や利用するのに簡単なチャネルの両方から
検討する必要がある。例えば，立地，出張サービス，交通，エレクトロニッ
ク・コマース，電子マネーなどである。

(4) コミュニケーション（communication）

　コミュニケーションは，主にサービス生産の場で従業員と顧客が直接相互
に話し合いを通して行うコミュニケーションの形成である。特に，サービス
提供者側において，リピーターを増やすためのリレーションシップ・マーケ
ティングが重要になる。それに伴う信頼性の構築が必要である。例えば，広
告，セールス・プロモーション，パブリシティなどである。

(5) 顧客と企業（customer and company）

　顧客と企業は，主にサービスの生産プロセスにかかわる人々をさし，サー
ビス・マーケティングにおける固有の戦略的要素である。顧客や従業員にか
かわらず，サービスの生産にかかわるすべての人々が含まれる。例えば，従
業員の雇用・訓練・報酬，顧客の教育・訓練，電話オペレーター，などであ
る。

(6) 相互依存的な過程（correlative process）

相互依存的な過程は，主に一連のサービス生産活動やオペレーションに関する意思決定領域である。顧客が求めているニーズやウォンツに対して具体的にどのような行為（活動の手順や流れ）で行うかを決定することである。すなわち，相互依存的に顧客の満足を創造するプロセスである。例えば，活動のフロー（標準化，現地適応化），手順の数（単純，複雑），顧客サービスのレベルとシステムの改善などである。

(7)　顧客施設（customer facility）

　顧客施設は，主にサービスの生産プロセスの視覚的環境（顧客の視点）に関する意思決定領域である。顧客により良い施設を見せることによって，本質的サービスに対する顧客の印象を高めることができる。サービスの性質を促進し伝える有形の要素を意味する。例えば，従業員の服装，建物，設備，看板，インテリアなどである。

　これらは顧客がそのサービスを受けるかどうかの意思決定に極めて影響する主要な要因である。以上のサービス・マーケティングの意思決定モデル（7C）を医療業界に当てはめて，概説してみよう。

①顧客価値（customer value）は，主に顧客に価値を生み出すパフォーマンスである。市場特性に合った診療科目や専門医師の配備などを決めることである。例えば，医療サービスの種類と品質，説明，品質保証，アメニティーなどである。

②顧客コスト（customer cost）は，主に顧客が支払う費用のことである。まったく規制のないアメリカの病院は同一の疾病でも価格は病院ごとに異なるが，日本の病院の場合は公定価格（診療報酬体系）である。例えば，初診料，自己負担額，支払方法などである。

③利便性（convenience）は，主に顧客の購買時の利便性の確立である。消費者（患者）のいる場所や経路を意味し，病院の立場や患者の行動パターン分析である。例えば，立地，交通手段・通院距離，医療機関の連絡ネット，病院と調剤薬局などである。

④コミュニケーション（communication）は，主にサービス生産の場で消費者（患者）や医師・看護婦が直接相互に話し合いを通して行うコミュニケー

ションの形成である。例えば，患者友の会の会場，ホームページやメール，院内掲示，パブリシティなどである。

⑤顧客と企業（customer and company）は，主にサービスの生産プロセスにかかわる人々をさし，サービス・マーケティングの固有の戦略的要素である。例えば，医師や看護婦の雇用・訓練・報酬，電話オペレーター，技工士などである。

⑥相互依存的な過程（correlative process）は，主に一連のサービス生産活動やオペレーションに関する意思決定領域である。患者が求めているニーズやウォンツに対して具体的にどのような行為（活動の手順や流れ）で行うかを決定することである。例えば，予防医療，リハビリなどである。

⑦顧客施設（customer facility）は，主にサービスの生産プロセスの視覚的環境（顧客の視点）に関する意思決定領域である。これは，本質的サービスに対する患者の印象を高めることができる。例えば，ナースの白衣，建物，設備，看板，インテリアなどである。

　さらに，7Cを用いてサービス業を業績の視点から説明することもできる。例えば，レストランの業績は，主に①顧客価値（customer value）である「味」，②顧客コスト（customer cost）である「価格」，③利便性（convenience）である「利用便利」，④コミュニケーション（communication）である「信頼性」，⑤顧客と企業（customer and company）である「店のスタッフ」，⑥相互依存的な過程（ correlative process）である「食事を提供するプロセス（サービスのレベルなど）」，⑦顧客施設（customer facility）である「店の外観や特徴（雰囲気）といった物理的な特徴」によって左右されるからである。
　どのようなサービス事業においても，これらのサービス・マーケティング・ミックスのフレームワーク（7C）は議論の対象になると思われる。換言すれば，これらの7Cはサービス業をマーケティングとして考える際に重要な問題意識を特定するものであろう。なぜならば，これらの7Cはマーケティング戦略の中心課題としてすでに確立しているマーケティング・ミックスの概念に立脚し，それに顧客満足をコアにした視点を取り入れたサービスを強調しているからである。

5 サービス・ドミナント・ロジックと価値共創

1 サービス・ドミナント・ロジックとは

　近年，サービス関連で注目を集めているのがバァーゴとラーシュ（Vargo and Lusch, 2004）が提唱した，サービス・ドミナント・ロジック（service-dominant logic：サービス支配的論理，以下，S-Dロジックと呼ぶ）という視点である。[23]

　S-Dロジックの考え方は，従来の有形財を中心としたマーケティング論理（goods-dominant logic：グッズ支配的論理，以下，G-Dロジックと呼ぶ）に対するサービスという視点からの新しい支配的論理の到来を示唆するものである。

　S-Dロジックの主たる論点は，新たなサービスの概念と価値共創などである。

　まず，バァーゴとラーシュの新しいサービスの概念であるが，これまでのサービスを中心に捉えた，①無形財，②付加価値サービス，③サービス産業などと分類されたものとは異なるということを前提に，サービスは他者または自身の便益のために，行為やプロセス，そしてパフォーマンスを通じて，専門能力（知識とスキル：knowledge and skill）を適用することで，伝統的なサービスが有する特徴を拡張するという議論である。すなわち，これまでのモノとサービスを区別して捉える視点に対して，サービス概念の中にすべての財（モノとサービス）を含めるという視点である。[24]エアコンを例に挙げると，消費者はそのエアコンに内在している知識やスキルを利用し，消費者が求めている快適感を手にしたときに，サービスの価値が実現されるというものである。

　次に，価値共創を含むS-Dロジックの特徴を，従来のG-Dロジックとの比較を通して概説したい。

　まず交換の対象であるが，先述したようにG-Dロジックはグッズ中心の視点であるが，S-Dロジックはサービス中心の視点である。

図表7-7　G-Dロジックス視点とS-Dロジック視点の相違点

比較対象	G-Dロジック	S-Dロジック
交換の対象	財	サービス
使用される資源	オペランド資産（モノ，機械設備，原材料など）	オペラント資産（知識とスキル）
価値の基準	交換価値	文脈（使用）価値
価値の創造者	企業	企業と消費者
企業と消費者の関係	消費者への一方的	企業と消費者の双方向
企業の役割	価値を生産し，配布する。	価値を提案し共創し，サービスを提供する。
消費者の役割	企業によって創造された価値を消費する，または使い切る。	企業が提供する資源を他者と共に公的・私的な資源と統合することによって，価値を共創する。
経済成長の源泉	富は過剰な有形資産と財から得られる。所有，統制，生産から構成。	富は専門化されたナレッジとスキルの適合と交換を通して得られる。

出 所：Vargo, Stephen L., and Lusch, Robert F. (2004), "Evolving to a New Dominant Logic for Marketing," *Journal of Marketing*, 68 (January), p.7; Vargo, Stephen L., Paul P. Maglio, and Melissa Archpru Akaka (2008), "On Value and Value Co-Creation: A Service Systems and Service Logic Perspective," *European Management Journal*, 26 (3), p.148 を参考に作成。

　G-Dロジックの場合はオペランド資源（operand resource）であり，例えばモノ，機械設備，原材料などである。他方，S-Dロジックの場合はオペラント資源（operant resource）であり，例えば，知識とスキルである。[25]

　次に価値の基準であるが，G-Dロジックは交換価値（value-in-exchange）であり，エアコンの購入を例に挙げると，そのエアコンに支払った代金が交換価値である。

　一方，S-Dロジックは文脈（使用）価値であり，企業が提供するグッズ（価値提案）に対して消費者自身が使用（体験，経験の積み重ね）を通して，共創される価値（相互作用的）である。また，この価値は主観的に認識するもので，個別的で状況依存的であり，周囲の環境，他の登場人物などにも影響される。[26]

　換言すれば，従来のG-Dロジックでは，製品の価値を提供しているのは企業であり，その受け手が消費者である。それに対して，S-Dロジックでは，

企業は価値を提供できるわけではなく，価値を提案するのみである。価値は消費者の主観的な知覚によって判断や定義がなされ，消費者と共に創造されるのである。企業は消費者志向であり，消費者との関係を志向するのである。以上を示したのが図表7-7である。

2　価値共創の事例

　企業が提供するすべての製品・サービス（価値提案）は，消費者との共創の上で成り立っている。製品・サービスの価値は「消費プロセス」にいる顧客によって，創出され決定される。企業と消費者との関係を共創関係の視点から捉え直すと，以下のような関係を取り上げることができる。[27]

　まず1つの事例として，ネスレの代表的な製品である「キットカット（Kit Kat）」が挙げられる。毎年，受験シーズンになるとコンビニやスーパー，さらに郵便局などの店頭にさえ豊富に品揃えされ，大きな売上を実現している。「キットカット」が九州地方の方言「きっと勝つとお」に似ていることから，九州の受験生の間で自然に評判となり，全国に口コミで広がり始めたという。これは単にチョコレートの味の良さという価値よりも，「きっと勝つ」というネーミングの語呂合わせや縁起かつぎからお守りとして受験生とその家族，先生たちの期待がそこに反映して売れている。これは企業が提供する商品の価値提供に消費者が独自の製品解釈を加えて意味的価値が創出され，企業と消費者との価値共創が生まれた例である。

　もう1つの事例として，TOTOの「シャンプードレッサー」[28]が挙げられる。TOTOは，1968年に一般家庭向け洗面化粧台を発売したが，朝の洗顔中心であった洗面所は，身づくろいするスペース，脱衣場として，さらに湯水を使って化粧を行う場としてなど，その機能や形態が多様化された。そして，1980年代半ばには，女子高生の大半が朝食を抜いてもシャンプー（洗髪）をしているとのトレンドを捉え，TOTOは1985年に洗面化粧台でシャンプーができる「シャンプードレッサー」を発売したのである。1986年には行為としての「朝のシャンプー」（略して「朝シャン」）が流行し，1987年は「朝シャン」が新語・流行語大賞にも選ばれたのである。この例も企業が提供する価

値提供に消費者の文脈価値から使用価値が加わり，価値共創を前提とする価値づくりが生じたといえよう。その他に，サッポロビールの「百人ビール・ラボ」やコクヨの「カドケシ」などが挙げられる。

　上記のいずれの例も企業側からは生まれてこない，消費者の発想が製品の成功につながっており，それを企業側が積極的に活用している。企業は，消費者が生活の中で，自社製品をどのような用途に使用しているのかを観察し，その中に新たな製品の可能性を見出す努力が必要である。繰り返すことになるが，価値共創は，企業による一方的な価値の提供ではなく，企業と消費者の双方が相互作用や協働活動を通じて価値を創出するというプロセスで生じるものである。

　ここで特筆すべきことは，サービス・ドミナント・ロジックの価値共創は，今に始まったことではなく，上記の事例のように日本では数十年前から存在していた発想である。ただ，我々がそこに気づくか気づかないかだけの差であろう。

〈演習問題〉
(1)　サービスは一般的に4つの特性によって物財と区別することができるが，そのサービス特性について考えてみよう。
(2)　サービス・マーケティングの基本フレームワーク（インターナル・マーケティング，エンカウンター・マーケティング，エクスターナル・マーケティング）を考えてみよう。
(3)　サービス産業のうち，具体的事例を取り上げてサービス・マーケティング・ミックス（7C）の必要性について考えてみよう。
(4)　商品ドミナント・ロジック（G-Dロジック）とサービス・ドミナント・ロジック（S-Dロジック）との相違点を述べた後，具体的事例を取り上げてS-Dロジックの価値共創について検討してみよう。

〈注〉
1）　『世界大百科事典』（2007）改訂新版，平凡社，8号，p.205; 25号，p.516。
2）　新村出編者（2018）『広辞苑　第七版』岩波書店，p.1130。

3) Alexander, Ralph S.（1960）*Marketing Definitions: A Glossary of Marketing Terms*, Committee on Definitions of the American Marketing Association, p.21.

4) Kotler, Philip, and Kevin Lane Keller（2016）*Marketing Management, Global Edition*, 15th ed., Prentice Hall, pp.424-427.

5) Lovelock, Christopher, and Jochen Wirtz（2007）*Service Marketing: People, Technology, Strategy*, 6th ed., Peason Education.（白井義男監修・武田玲子訳（2008）『ラブロック＆ウィルツのサービス・マーケティング』ピアソン・エデュケーション，pp.46-73）

6) この点についての詳細は，Donnelly, J. A., and W. R. George（eds.）（1981）*Marketing of Services*, American Marketing Association, pp.186-190のValarie A. Zeithaml, "How Consumer Evaluation Processes Differ Between Goods and Services," を参照されたい。

7) Fisk, Raymond P., Stephen J. Grove, and Joby John（2004）*Interactive Services Marketing*, 2nd ed., Houghton Miffliin Company.（小川孔輔・戸谷圭子監訳（2009）『サービス・マーケティング入門』法政大学出版局，p.31）

8) Lovelock, Christopher, and Jochen Wirtz（2007）*op.cit.*（白井義男監修・武田玲子訳（2008）前掲書, pp.59-70）；Lovelock, Christopher, and Lauren Wright（1999）*Principles of Service Marketing and Management*, Prentice Hall, Inc.（小宮路雅博監訳，高畑泰・藤井大拙訳（2002）『サービス・マーケティング原理』白桃書房，pp.58-60）

9) Cardozo, R. N.（1965）"An Experimental Study of Customer Effort, Expectation, and Satisfaction," *Journal of Marketing Research*, 2（3），pp.244-249.

10) Oliver, R. L.（1980）"A Cognitive Model of the Antecedents and Consequences of Satisfaction Decisions," *Journal of Marketing Research*, 17（4），pp.460-469.

11) 青木幸弘（2010b）「購買行動と意思決定プロセスの分析」池尾恭一・青木幸弘・南千恵子・井上哲浩編著『マーケティング』有斐閣，p.146。

12) Fisk, Raymond P., Stephen J. Grove, and Joby John（2004）*op.cit.*（小川孔輔・戸谷圭子監訳（2009）前掲書，p.196）

13) Parasuraman, A., V.A. Zeithaml, and L. L. Berry（1985）"A Conceptual Model of Service Quality and Its Implications for Future Research," *Journal of Marketing*, 49（4），pp.41-50.

14) Parasuraman, A., V.A. Zeithaml, and L. L. Berry（1988）"SERVQUAL: A Multiple-Item Scale for Measuring Consumer Perceptions of Service Quality," *Journal of Retailing*, 64（1），pp.12-40.

15) Parasuraman, A., V.A. Zeithaml, and Arvind Malhotra（2005）"E-S-QUAL: A Multiple-Item Scale for Assessing Electronic Service Quality," *Journal of Service Research*, 7（3），pp.213-233.

16) Dabholkar, P.A., D.I. Thorpe, and J.O. Rentz (1996), "A Measure of Service Quality for Retail Stores: Scale Development and Validation," *Journal of the Academy of Marketing Science*, 24 (1), pp.3-16. 金成洙（2013）「小売業における環境配慮サービス品質に関する研究1―イオンの事例研究―」『専修マネジメント・ジャーナル』専修大学経営研究所，3 (2)，pp.1-11. 金成洙（2014）「小売業における環境配慮サービス品質に関する研究2―イオンの事例研究―」『専修マネジメント・ジャーナル』専修大学経営研究所，4 (2)，pp.1-11。

17) 嶋口充輝（1997）『顧客満足型マーケティングの構図』有斐閣，p.112。

18) Kotler, Philip, and Kevin Lane Keller (2016) *op.cit.*, pp.431-432.

19) 浅井慶三郎（2003）『サービスとマーケティング管理　増補版』同文舘出版，pp.173-199。

20) Booms, B. H., and M. J. Bitner (1981) "Marketing Strategies and Organization Structures for Service Firms," in J. Donnelly and W. R. George (eds.), *Marketing of Services*, American Marketing Association, pp.47-51.

21) Lauterborn, Robert (1990) "New Marketing Litany: 4Ps Passe; C-Words Take Over," *Advertising Age*, October 1, p.26. Lauterborn は product を Consumer want and need と指摘しているが，Kotler, Philip (2003) *Marketing Management*, 11th ed., Prentice Hall, p.17 と石井淳蔵・栗木契・嶋口充輝・余田拓郎（2004）『ゼミナールマーケティング入門』日本経済新聞社，p.35 という両文献では，顧客ソリューション（Customer solution）として解釈している。本稿では Product を顧客価値（Customer value）に置き換えて論じることにしたい。

22) 金成洙（2005）「マーケティングの新しい優位な論理の展開―サービス・マーケティングのパラダイムシフトと新しい 7C's ―」『専修大学北海道短期大学紀要』第38号，12月，pp.1-33. 金成洙（2006）「サービス・マーケティングからみた医療業界の意思決定モデル（7C's）」『日本商業施設学会誌』第5回論集，pp.71-76。

23) Vargo, Stephen L., and Robert F. Lusch (2004) "Evolving to a New Dominant Logic for Marketing," *Journal of Marketing*, 68 (January), pp.3-4.

24) Vargo, Stephen L., and Robert F. Lusch (2006) "Service-Dominant Logic: What it is, what it is not, what it might be," in Lusch, Robert F., and Stephen L. Vargo (eds.), *The Service-Dominant Logic of Marketing: Dialog, Debate, and Directions*, M. E. Sharpe, p.43.

25) Vargo, Stephen L., and Robert F. Lusch (2004) *op. cit.*, pp.3-4; Constantin, James A., and Robert F. Lusch (1994) *Understanding Resource Management: How to Deploy Your People, Products and Processes for Maximum Productivity*, The Planning Forum, p.145.

26) 以下の文献を参照した。大藪亮（2015）「サービス・ドミナント・ロジックと価値共創」

村松潤一編著『共創価値とマーケティング論』同文舘出版，pp.54-69。

27）以下の文献を参照されたい。井上崇通（2018）『消費者行動論［第2版］』同文舘出版，pp.60-62。田口冬樹（2017）『マーケティング・マインドとイノベーション』白桃書房，p.26。

28）https://jp.toto.com/company/press/2015/08/pdf/ 2019年7月18日にアクセス。

第III部

事例編

第**8**章 消費者行動と文化
―韓流の事例―

1 文化とは

　文化は，どのような意味を持っているのか。文化はマーケティングにどのように用いられ，消費者行動にいかなる影響を与えているのか。それを理解するために，マーケティングや消費者行動の文脈から検討してみよう。

　アサエル（Assael, 2004）は，消費者の行動に影響を与える最も広範な環境要因は，文化であり，それには社会で強調される価値観や規範などが反映されており，文化は，消費者が社会から学習する価値観，すなわち個人主義，自立，達成と自己実現のような価値観に反映されるので，購買行動に影響を与える[1]と指摘している。

　シフマンとワイゼンブリット（Schiffman & Wisenblit, 2015）は，「集団的な価値観，慣習，規範，芸術，社会的機関，そして特定社会の知的な業績である」[2]と述べている。

　一方，マザーズボーとホーキンズ（Mothersbaugh & Hawkins, 2016）は，「文化は社会の構成員として人によって獲得される知識，信念，芸術，法律，道徳，習慣，そして他の能力や習慣を含む複合的総体である」[3]と示唆している。

　また，コトラーとケラー（Kotler and Keller, 2016）によれば，「文化は，人の欲求と行動の根本的な決定要素である。例えばアメリカの子どもたちは家族や他の重要な団体を通して，達成と成功，活動，効率と実用性，進歩，物質的な豊かさ，個人主義，自由，外向性，人道主義，そして若さのような価値観にさらされて成長する」とし，「消費者の購買行動に影響を与える要因の中で，文化的要因が最も広範かつ深い影響力を有している」[4]としている。

　以上のことから，「文化は家族や他の集団などを通して共通に学習されるもの」であり，文化は人間の行動，特に消費者行動や購買行動に影響を与える最も重要な要素の1つであるといえよう。

2 文化的な価値観

1 文化的な価値観の意義

　マザーズボーとホーキンズ（Mothersbaugh & Hawkins, 2016）は文化的な価値観とは望ましいことが何かを共通認識する，広く共有されている信念であると指摘している。またこれらの価値観は，規範を介して行動に影響を与えるために，これは特定の状況では受け入れ可能な反応の範囲を具体化してくれると示唆している[5]。

　文化が設定する行動の境界を規範（norms）と呼び，規範とは，特定の状況では，単純にある行動を明示したり，禁止したりする規則である。規範は，文化的な価値観（cultural values）や人々に望ましいことが何かを断言する，広く共有された信念から由来する。文化的規範に違反した場合，軽いレベルの社会的な反感から，集団からの追放に至るまで，さまざまな制裁（sanctions）や処罰を受ける。したがって，図表8-1に示すように，文化的な価値観は，規範と関連する制裁を作り出すが，これはすぐに消費パターンに影響を与えるのである[6]。

　文化は固定されたものではなく，時間の経過に応じて進化し，ゆっくりと変化する。マーケターは，既存の文化的な価値観と新しく出現する文化的な価値観をすべて把握することが肝要である。それは新しく出現する文化的な価値観を受け入れられないと考えている人も少なからずいるからである。

2 文化的な価値観の特性

　アサエル（Assael, 2004）はすべての文化的な価値観は，一般的に5つの特性を有していると指摘している[7]。

(1) 文化的な価値観は学習される。

　子どもたちは子どもの頃から文化的な価値観の影響を受けながら生活し

図表8-1　文化的な価値観と規範，制裁，消費パターンとの関係

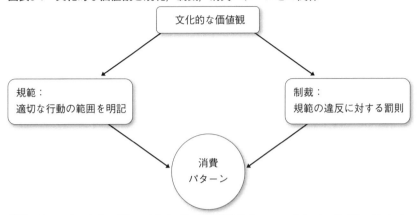

出所：Mothersbaugh, David L., and Del I. Hawkins (2016) *Consumer Behavior: Building Marketing Strategy*, 13th ed., McGraw Hill, p.41をもとに作成。

ている。子どもの頃から自分の文化の価値観を学習する過程を文化学習（enculturation），他の文化の価値観を学習することを文化取得（acculturation）という。文化学習は，非公式学習（家族，友達，テレビや映画の英雄などの慣習を模倣する子ども），公式学習（行動する方法を兄弟や家族から学ぶ子ども），技術学習（学校で学ぶ子ども）などによって習得することができる。

　文化への適応は重要な制度，特に家族，学校，宗教団体などから価値観が送り込まれる過程で発生する。とりわけ家族は，一世代から次の世代へと価値観を伝達するための手段であるため，極めて重要である。広告も非公式学習を通じて，消費者を文化に適応させる役割を果たしている。

⑵　**文化的な価値観は行動のためのガイドラインである。**

　文化的な価値観は，文化的規範（cultural norms）を通じて，個人の行動や判断の基準となる模範や手本を示している。このような規範は，適切な社会的関係，安全性を確保するための手段，食事習慣にかかわる行動などの基準を定めている。行動が社会規範に違反すると，社会はその行動に対して制裁や制限を行う。

⑶ 文化的な価値観は永久である。

　文化的な価値観は，親が子どもに文化的な価値観を伝授するように永続性を有している。学校や宗教団体も，文化的な価値観の継続性を維持するために重要である。自由，自尊心，個人主義のような価値観を強調することが，米国では，時間が経っても実質的に変化しないものとなっている。

⑷ 文化的な価値観はダイナミックである。

　文化もダイナミックである。価値観は，社会が変化するにつれて変化しなければならないものである。インターネットの普及により人々のライフスタイルに変化が生じつつある。その普及は多様な方面に革新的な変化をもたらしている。例えば，仕事がオフィスから家庭へと拡大していることから，これに基づいて，在宅勤務する消費者の割合が増加する傾向にある。

⑸ 文化的な価値観は幅広く受け入れられている。

　各文化は，他の文化から価値観を差別化して広範囲に共通して受容されている価値観を持っている。個人主義と若さが，米国では幅広く共有されている価値観であるが，いくつかのアジア諸国では，目上の人を尊敬し，その集団への随順が広く共有されている価値観である。

3　文化的な価値観とマーケティング戦略

　マーケティング戦略は，ほとんど文化的な価値観を変化させようとはしない。広告，販売促進，販売員，包装などが消費者の重要な価値観に影響を与えることができるほど強力な力を持っていないからである。

　マーケティング戦略が文化的な価値観を変化させる可能性はほとんどないが，大衆媒体（マスメディア）の文脈で見ると，マーケティングが文化に影響を与えたり，文化もマーケティングに影響を与えたりする。広告代理店，レコード会社，アパレル会社，出版社は，すべて文化の製作会社である。製作者は，文化の生産システム（culture production system）とみなすことができる。このシステムは，文化的目標を達成するために計画された製品を創

造し，生産するために責任を負う個人や組織である。文化の生産システムで生産された製品である，歌，本，衣類などは素敵になり，独立して，美しくなり，安全かつ社会的に認められたいという欲望に影響を与える。したがってより広い文脈で見ると，マーケティングと文化は互いに影響し合っていて，相互作用的である。[8]

3 消費と文化

1 消費の文化的意味

　消費の文化的意味を検討するにあたり，ソロモン（Solomon, 2011）は文化的意味が与えられるものは，製造されてから消費者に到達されるまでに，いくつかの段階の取捨選択を経ると示した。[9]実際，我々はマーケットで商品を購入する際，数多くの商品の品揃えに圧倒されることが多々ある。例えば，我々がネクタイやリップスティックの色を選ぶときに，数多くの代替商品が見受けられる。しかし，これは表面上の豊富さであり，実際に我々が購入する商品は全体の中の一部分である。

　ソロモンによれば，製品に文化的意味を付加するプロセスは，まず「創造的下位システム」と「管理的下位システム」を通して文化選択（文化の生産システム）をし，「コミュニケーション下位システム」に到達するという。その後，「文化的ゲートキーパー」という専門的アドバイザーによる方向づけを経て「最終消費者」に伝達される。そして，文化的意味を持った製品は，消費者のアイディアや意見が反映された「消費者イノベーション」を通して「シンボル・プール」に届くというフィードバックする仕組みとなっている。それが繰り返されることによって新しい製品，より洗練されたデザイン性を持つ製品，改善された製品などが新たな文化的意味を持つ製品として生まれるのである。例えば，「今，流行りの服」，「韓流」，「AKB48」などである。図表8-2は，ソロモンの文化の生産プロセスを簡略化して示した基本図式である。

図表8-2　文化の生産プロセス

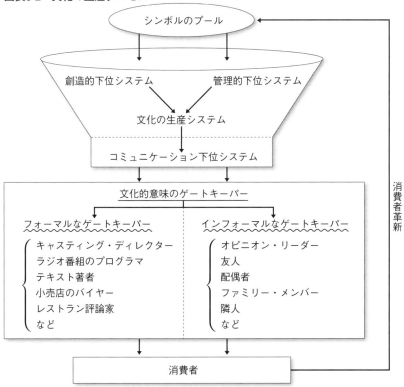

出所：Solomon, Michael R. (2011), *Consumer Behavior*, 9th ed., Prentice Hall, p.577をもとに作成。

　具体的に，ソロモンモデルの構造を検討すると，まず我々が何か（自動車，ドレス，音楽のアーティスト，立候補者，宗教，あるいは科学的方法論さえ）を選ぶときにはさまざまな選択肢を検討している。最初は，多くの可能性が自分の採用をめぐって競争している。これらのほとんどは，出現から消費までの道を進むにつれて，取捨選択される。この選別のプロセスを文化的選択（cultural selection）と呼ぶ。

　そして1人のデザイナー，1つの企業や広告代理店が単独で大衆文化を創造することはない。人気のある商品，流行している自動車，あるいは新しいファッションスタイルには多くの関係者の貢献がある。文化の生産システム

（culture production system：CPS）は，文化的製品を作って販売している個人や企業の集合体である。

CPSは，次のような3つの主な下位システムによって構成されている。

①創造的下位システム：新しいシンボルと製品を生み出す。
②管理的下位システム：新しいシンボルと製品を選択し，実体を創り，生産し，流通を管理する。
③コミュニケーション下位システム：新しい製品に意味を付与し，象徴的な属性の複合体を提供する。

「韓流」の1つであるK-POPを，文化の生産システムの3つの構成要素に当てはめて考察してみると，①歌手（例：BTS，創造的下位システム），②企業（例：Big Hitエンターテイメント，管理的下位システム），③そのCD販売を促進するためのPR代行者（例：ユニバーサルミュージック），となる。その後，BTSはソロモンがいう「文化的ゲートキーパー（フォーマルゲートキーパーとインフォーマルゲートキーパー）」を経由して「消費者」に伝わるのである。

2 消費文化

フェザーストーン（Featherstone, 1991）は，消費文化について3つの主要な展望を行った。[10)]

①商品生産は消費財の様式，購買や消費の位置づけにおいて，巨大な物質文化の蓄積をもたらし，消費文化はそのような資本主義的商品生産の拡張を前提としている。
②より厳密な社会学的展望によると，財に由来する充足感が存在する。ここでの焦点は，社会的紐帯や区分を創造するために財を用いる人々の間に，さまざまなやり方が存在するということである。換言すれば，人々は財を他者との区別や絆のために購入している。

③消費，夢，欲望の感情的快楽の問題が存在する。それらは，消費文化のイ
メージや特定の消費の場において賛美されている，直接的・身体的興奮と
審美的快楽の問題である。

この３つの軸の中で，特に③が本節での論題と密接にかかわっている。す
なわち，消費者が抱いていた夢や喜びの実現，思い描いているイメージの実
現につながるという観点である。「韓流」についていえば，韓国ドラマ，特に
「冬のソナタ」を観て「韓流」ファンになった人々は，「冬ソナ」ロケ地を訪
れたり，またNHKで放送された「チャングムの誓い」に因んだ韓国の歴史を
知り，韓国宮廷料理を楽しむツアーに参加したり，主演俳優が使用したグッ
ズなどの便乗商品をよく購買したりしている。まさに，「韓流」ツアーは日本
で観た韓国ドラマの感動や夢，憧れ，希望，喜び，悲しみなどを体験できる
という役割を果たしている。換言すれば，「韓流」は消費者に対して文化的な
側面から消費に伴う感情的な喜びを訴えたといえる。

4 「韓流」について

1 「韓流」とは

まず，「韓流」とは何か。「韓流」をどのように定義すれば良いのか。平田
(2008) によれば[11]，「韓流」の定義は曖昧であり，「韓国大衆文化の人気」を論
じる場合のみならず，政治，経済，国際関係に至るまで，様々なシーンで使
われ，また「韓流」は消費者からジャーナリスト，研究者，政治家，反韓流
を語る人々などが，それぞれの接近可能な媒体で語るという状況があったた
め，「韓流」の定義を一層曖昧なものにしたと指摘している。
　したがって，その定義を一言でいうのは難しい。韓国国内でも，韓流とは大
衆文化的コンテンツを中心としながらも，「時代によって柔軟に変わる」と考
えられている。韓国コンテンツ振興院日本事務所の金泳徳所長によれば，「芸

能関係のコンテンツだけが韓流ではない」と指摘している。その理由として，日本でも大人気を博したテレビドラマ「チャングムの誓い」では，劇中で紹介される朝鮮王朝時代の宮中料理が注目され，韓国料理への関心も高まっている。このような食文化への関心も1つの「韓流」に入るからである。

　学問において，マーケティングの定義については"学者の数ほど定義の数がある"といわれている。公式的な定義であるといわれるアメリカ・マーケティング協会採用の定義をみても，マーケティングの定義は1935年，1948年，1960年，1985年，2004年，2007年と6回も変わっている。すなわち，マーケティングの定義内容は，時代の変化とともに，取り巻く環境の変化に従い，変遷していることが窺える。

　したがって，「韓流」の定義はマーケティングの定義に倣い，その時代や取り巻く環境の変化に従って，見直されていると理解した方が適切であるといえよう。以上のことに鑑みて，ここでは韓流を「韓国文化の流行であり，そこには大衆文化，下位文化，企業文化，食文化などが含まれる」と定義したい[12]。

....

コラム1 ▶数字で知る等身大の韓国

①外国に住む韓国人の数：743万人

　韓国外務省が，2017年時点で外国に居住する韓国人の数は743万人であると発表した。そのうち，アメリカ在住の250万人とカナダ在住の24万人と合わせると在外韓国人の3分の1以上が北米で暮らしていることになる。近年，世界各地で慰安婦像が建てられているのは，韓国系住民によるアイデンティティーポリティクス（identity politics：主に社会的不公正の犠牲になっているジェンダー，人種，民族などの集団の利益を代弁して行う政治活動）という側面もある。

②過去10年間で売れた東野圭吾の小説：127万部

　韓国最大級のキョボ（教保）文庫書店が2019年1月に「過去10年間で最も売れた小説家ランキング（2009～2019年1月）」を発表したが，日本の東野圭吾の小説が1位で，2位に村上春樹の小説（100万部）が入るなど日本人小説家が大人気である。他にも日本の音楽や漫画の人気が高いだけでなく，旅行先（韓国からは年間約700万人が訪日し，日本からも約200万人が渡韓している）としても人気である。韓国の反日ムードがマスコミなどで報じられがちだが，少なくとも文化面では「嫌日」とはいえない。

③大卒初任給（年間）：323万円

韓国の就職情報サイト「インクルート」によれば，2019年の大卒初任給の予想平均額（年額）は，大企業3,576万ウォン（約358万円），中堅企業3,377万ウォン（約337万円），中小企業2,747万ウォン（約275万円）であると示唆している。一概に比較はできないが，日本とあまり変わらない。別の就職情報サイト「サラムイン」によると最も就職したい企業はサムスン電子で，次いでカカオトークで有名な大手テック企業カカオ（無料通信アプリ「LINE（ライン）」を開発した企業）が人気である。ちなみに，資本金で考えると，大企業は資本金10億円以上，中堅企業は資本金1億円以上10億円未満，中小企業は資本金1,000万円以上1億円未満と分類される。

④タクシー初乗り運賃：372円

2019年2月にソウルのタクシー初乗り運賃が3,000ウォン（約297円）から3,800ウォン（約372円）に値上がりした。東京の初乗り運賃は2017年1月に730円から410円へと大幅値下げされたため，今や東京とソウルではほとんど変わらない。ちなみにマクドナルドのビッグマックとスターバックスのトールサイズのラテの価格を比べると，それぞれ韓国では約450円と約460円であり，日本では390円と380円である。韓国における激安旅行の時代は終わりつつあるかもしれない。

⑤キャッシュレス比率：96％

昨今，クレジットカード，ICカード，携帯電話など，現金を伴わない「キャッシュレス決済」が世界で急速に拡大・多様化している。日本の経済産業省（2018年3月）によれば，韓国はキャッシュレス比率が96.4％と他国に比べ圧倒的に高い比率になっているという。イギリスが69％，オーストラリアとシンガポールが59％，カナダが56％，アメリカが46％，フランスが35％，日本は20％というように，韓国は諸先進国の先を行っている（すべて2016年）。政府のキャッシュレス化推進により，消費者はクレジットカードなどを利用すると税還付が受けられ（上限あり），零細小規模店は非現金決済導入時の手数料が軽減されている。韓国では，日常生活で現金を使用することはかなり少なくなっている。

出所：「Newsweek」CCCメディアハウス，2019年3月12日，pp.31-32。日本貿易振興機構JETRO（https://www.jetro.go.jp/biz/ 2019年6月24日にアクセス）。

2　韓流の盛衰

韓流ブームは，2003年の第1次（主にドラマなど），2010年の第2次（主にK-POPなど），2017年の第3次（主にK-POP，食，美容，ファッション，ゲーム，グルメなど）に分けられる。[13]

第1次韓流ブームは2003年の「冬のソナタ」から始まり，次の第2次韓流

ブームは2010年の少女時代やKARA，東方神起などから始まった。第3次韓流ブームは，2017年デビューのアイドルグループ（韓国人5人，日本人3人，台湾人1人）というTWICEの成功が呼び水となり，火がついた。また同年にAKB48グループの総合プロデューサーである秋元康氏が初めてK-POPに挑むとあって，両国で大きな話題を呼んだ。さらに，BTS（防弾少年団）の活躍により，韓流ブームは日本に限らず，アメリカをはじめとする世界にも広がっている。以下では，韓流ブーム（第1次，第2次，第3次）の特徴と過去2度（第1次・第2次ブーム後）にわたる韓流ブームが日本で衰退した理由を検討したい。

(1) 第1次韓流ブーム：2003年〜

「韓流」という言葉は，1999年に韓国の文化観光部が広報用として制作し，海外にある韓国公館を通じて配布したCD「韓国歌謡の流れ」に由来しているという説があり，それ以前にすでに中国の新聞が「韓流」という言葉を使っていたという説もある。[14]

日本においては，「韓流」（ハンリュウ：Hanlyu）ブームは，NHK-BS2の海外ドラマ枠で「冬のソナタ」が放送された2003年4月〜9月が発端であるとされている。これは，ペ・ヨンジュン，チェ・ジウ主演のKBS制作のドラマで，原題を「冬恋歌」といい，「冬のソナタ」と訳され，純愛ドラマとして，自分の青春時代に懐かしさを覚える中高年の女性を中心に大人気となり，ブームの引き金となった。

一方，「冬のソナタ」に対する中国や東南アジアの反応は，先進的な面がある一方で，伝統的な価値も残す韓国社会に親近感を感じられるというものである。このように「冬のソナタ」をきっかけに広く受け入れられるようになった「韓流」は，国によって興味を示した理由が微妙に異なる。

日本において何が「韓流」をもたらしたのかについて，林（2005）は①「似て非なる」文化のおもしろさ（多くの日本人と人種的特徴が一致，兵役の経験やストレートな感情表現が珍しい），②韓国大衆文化産品の国際競争力向上（韓国政府の長年にわたる文化産業支援の成果），③交流による利益拡大を目指す企業レベル・政府レベルでの協力の進展（韓流現象がもたらす政治経

済的な利益を獲得しようと企業や政府が行動した結果），という３つの仮説を提示している。[15]

　黄（2008）は「韓流」の成功について，韓国の文化産業として，政府の支援を受けて成し遂げられた成果であるというイメージがあるが，実際は民間の投資家やドラマ・映画制作者の努力が実った結果であるという。[16]

　上記のように，「韓流」の成功や成長の背景についてさまざまな見解があるが，その主な要因は政府レベル云々より，民間レベルの努力によるものであると推測される。また，「冬のソナタ」の放送終了後に主演のペ・ヨンジュン，チェ・ジウ，パク・ヨンハが来日し，長期にわたってファンミーティングを行うなどしてブームをけん引した。俳優でさえ，ファンとコミュニケーションをとるといったファンサービスに積極的に取り組む姿勢も韓流ブームの成功要因の１つであろう。

　「韓流」の影響について，第一生命経済研究所（2005）によると，日本では「冬のソナタ」がNHKの衛星第２（BS2）で2003年４月３日から放送が始まり，2003年12月には再放送（BS2），さらに2004年４月３日から８月21日にかけては地上波のNHK総合テレビでも放送され，再放送が繰り返されていくうちに全国的な「冬のソナタ」ブームが巻き起こった。

　同研究所では「冬のソナタ」効果について，「韓国への影響」と「日本への影響」に分けて分析している。前者の「影響」は，2004年４月から10月までの７か月間，日本の「冬のソナタ」ブームで韓国への日本人観光客は187,192人増加，また韓国の観光収入は299.5億円（3,328億ウォン）増加したと指摘している。直接的な経済効果は3,328億ウォンだが，関連産業への影響など間接的な波及効果をみると，第一次経済波及効果（直接的な支出増加額を含む）として1.6倍の400億円（5,396億ウォン）の生産誘発効果が現れた。雇用者所得の増加による消費支出増の効果も考慮した第二次経済波及効果まで含めた総合生産誘発額は，2.1倍の626億円（6,945億ウォン）まで膨れ上がるという。

　一方，後者の「影響」は，マクロベースでの日本経済への具体的なプラス効果であり，①日本国内での「冬のソナタ」関連商品の販売増加，②「冬のソナタ」主演のペ・ヨンジュンやチェ・ジウ起用のCM効果による商品の売上拡大などである。また，ミクロベースの情報などをもとに，「冬のソナタ」

図表8-3 「冬のソナタ」効果（韓国と日本への影響）

日韓への影響	韓国	日本
第一次経済波及効果	400億円	984億円
第二次経済波及効果	226億円	241億円
総合生産誘発額	626億円	1,225億円

効果による2004年度の国内消費増加額を計算すると364億円となった。さらに，関連産業への影響など間接的な波及効果をみると，第一次経済波及効果（直接的な支出増加額を含む）として2.7倍の984億円の生産誘発効果が現れた。第二次経済波及効果（雇用者所得の増加による消費支出増の効果も考慮）まで含めた総合生産誘発額は，3.4倍の1,225億円に達するという[17]（図表8-3参照）。

　以上のことから，「冬のソナタ」の影響は，日韓両国の経済にwin-winという関係を築いたが，特に韓国への経済効果より日本への経済効果がより大きかったといえよう。すなわち，2004年度の韓国の観光収入は約300億円であるが，日本の消費増加額は364億円であり，また韓国の第一次経済波及効果は400億円であるが，日本のそれは984億円であった。さらに，韓国の雇用者所得の増加による消費支出増の効果も考慮した第二次経済波及効果まで含めた総合生産誘発額は626億円であるが，日本のそれは1,225億円となった。このように「韓流」ブームは，韓国の経済より日本の経済にもっと恩恵をもたらし，日本国内の消費を活性化させたといえよう。そういった意味では，「韓流」ブームは日本の経済を成長させる一因になったといえるだろう。

　他方，第1次韓流ブームの衰退の主な要因は，いわゆる「嫌韓（けんかん）」現象である。「嫌韓」は，2005年頃からの『マンガ嫌韓流』，『マンガ嫌韓流2』，『マンガ嫌韓流3』，『マンガ嫌韓流4』へと繋がり，これら「嫌韓」的な言説の生産及び流通に当たっては，インターネット（主に2チャンネル，現5チャンネル）が大きな役割を果たしていた。「嫌韓」の内容は，韓国併合，領土や歴史教科書などの日韓問題について，韓国側の主張を批判する視点から描いている。また，韓流にせよ，嫌韓にせよ，ある日突然，我々の目の前に現れたわけではなく，社会にそれらを許容する雰囲気が存在していること

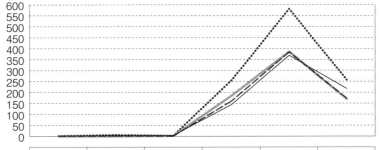

図表8-4　日本メディアにおける韓流

	2001	2002	2003	2004	2005	2006
朝日新聞	2	6	3	254	581	257
読売新聞	0	0	2	184	386	169
毎日新聞	1	2	1	160	384	173
産経新聞	2	4	4	144	369	217

………… 朝日新聞	━━━ 読売新聞	‒‒‒ 毎日新聞	━━━ 産経新聞

出所：木村幹（2008）「ブームは何を残したか―ナショナリズムの中の韓流―」石田佐恵子・木村幹
　　　・山中千恵編著『ポスト韓流のメディア社会学』，ミネルヴァ書房，p.215をもとに作成。

が前提にあった。[18)]

　上記の影響により，「韓流」ブームには，2005年以降急速に衰退していく
傾向が見られる。その1つの例として，これまで韓国に対する好意的な報道
を行ってきた日本のマスメディアにおいても「韓流」という語の使用が2005
年を境に減少していることが図表8-4から見て取れる。

⑵　**第2次韓流ブーム：2010年〜**

　第2次韓流ブームは，2010年の少女時代，KARA，BIGBANG，東方神起，
2NE1などの登場によるものである。第1次韓流ブームでは，中高年女性を
虜にしていた「古き良き優しさ」とでもいうようなソフトな魅力だけではな
く，時代劇・史劇の「韓流」ドラマを観る男性も増えていたが，第2次韓流
ブームでは激しい若者向けの音楽（K-POP）というコンテンツが新たな魅力
を生み出した。

2010年は女性アイドルグループの活躍が注目された。特に「少女時代」は，日本のアイドルユニットが小さくて可愛らしく，素人感を売りにしている点とは異なり，スレンダーボディ（slender body）で歌と踊りのレベルも完璧に近く，日本の「かわいい文化」の要素まで取り入れた「カッコよさ」を売りにしていた。多くの日本の女性が，「少女時代」を憧れの対象としていた。特筆すべきことは，同世代の日本の女性が韓国の女性を「カッコいい」と思い，「あこがれる」ということは，これまでなかったことであった。[19] まさに韓流の第2のブームの誕生である。

次は男性グループの活躍であるが，2010年5月に国立代々木競技場第一体育館で開催された「MTV WORLD STAGE VMAJ 2010」で，BIGBANGが「最優秀新人アーティストビデオ賞」，「最優秀ポップビデオ賞」を受賞，さらにメンバーの1人であるG-DRAGONはJ-POPグループ「w-inds」とのコラボ「Rain Is Fallin'（監督：園田定宏 × stereo eye）」で「最優秀コラボレーションビデオ賞」を受賞した。BIGBANGのファン層は，主に20～30代前半の女性が中心であり，男性のファンも少なくない。

2004年11月に「HUG」のインターナショナル版で日本デビューした「東方の神が起きる：アジアから世界進出」という意味の東方神起は，2004年2月にシングル「HUG」でデビューし，高い歌唱力と美しいコーラス，ルックスの良さなどで一躍人気となった。日本にとどまらず，中国，台湾，タイ，マレーシアなど東・東南アジア地域でも名を馳せた。一時休止を経て，2011年より2名体制で再始動中である。

一方，これまでの韓国ドラマは，BSが中心で地上波では昼か，深夜の時間帯で放映されていた。しかし，2009年10月14日から12月17日に韓国のKBSで放送された，イ・ビョンホンとキム・テヒ主演の「IRISアイリス」が，韓国ドラマとしては初めてTBS系列全国ネットで2010年4月から水曜夜9時というゴールデンタイムに放送された。韓国ドラマがゴールデンタイムに放送されたはじめてのケースとなった。第1回は21日に放送され，平均視聴率は10.1％（ビデオリサーチ調べ，関東地区）だったのである。

その後，2011年には，フジテレビジョン前で「韓流ゴリ押しやめろ」，「フジテレビの捏造・偏向報道反対」などの抗議行動が起き，「嫌韓」プレッシャー

がメディアを襲う事件があった。

2012年8月には，当時の李明博大統領（日本の大阪府生まれ）が韓国の現職大統領としてはじめて竹島（韓国名：独島）に上陸した。この出来事を境に反韓感情が高まり，音楽事務所が一斉にアーティストたちの日本のマスコミへの出演を制限したり，テレビ出演や雑誌・新聞の取材が基本的にNGになったりして，K-POP，韓流ドラマ，そして映画は「もう終わった」と日本のマスコミが報じた。

2013年に入ってからは新大久保界隈で大規模なデモまで展開されるようになった。再度政治問題化し，その後両国の関係は冷え切った状況が続き，韓国歌手たちが突如，日本の地上波テレビから姿を消してしまった。一方で，ドーム球場や万単位で集客できるアリーナなどで韓国アーティストは活動をし続け，数多くの日本のファンが詰めかけていた。その結果，ブーム以降も日本に対する韓国の音楽コンテンツの輸出額は減るどころか，伸び続けていた。地上波から消えたK-POPの人気の理由は，①ライブを絶えずに行ったこと，②インターネットにより広報のチャネルが多様化したこと，③すでにファンクラブ組織が形成され，メディアを通さず，インターネットサイトやメールなどを通じてイベント情報を発信できたこと，④2011年以降，小・中・高等学校の授業でダンスが必須になったこと，⑤K-POPの一糸乱れぬダンスに魅力を感じたこと，などが挙げられる。以上のことから韓流の人気を維持し，さらに拡大することができたのである。[20]

ちなみに，2014年には世界的なスーパースター，PSY（サイ）が，ユーチューブの動画再生世界記録（19億回）を「江南スタイル」で達成した。日本の最高はAKB48の1億回（2月23日）である。ホワイトハウスでの行事へ招待されるほどのK-POPの大物だったが，日本ではデビューしていない。実はPSYは最初に日本へ売り込みに来ていたのだが，日本のレコード会社は「江南スタイル」のビデオを見て鼻で笑い，「こんな太っちょのおバカソング，日本でリリースできねえよ」と門前払いをしたという。その後，PSYは日本以外の国々に目を向けたが，「江南スタイル」の人気は世界中で爆発したのである。[21]

韓国エンターテイメントは，なぜ貪欲に海外を目指すのか。その理由の1

つは韓国の人口（2018年データ，5,117万人）が日本（同年，12,720万人）の半分にも満たないため，韓国の国内市場そのものが小さいからである。特に，米国に次ぐ世界第2位のコンテンツ市場である日本市場に魅力を感じているのは当然のことである。[22)]

コラム2 ▶ 食満足度，韓国が首位

リクルートライフスタイルの調査研究機関「エイビーロード・リサーチ・センター」が2018年に海外旅行をした18歳以上の6,609人に行先や満足度についてインターネット調査を行った。調査したのは2019年であり，5,398人から有効回答を得た。訪れた旅行先の食事の満足度を聞くと「期待どおりだった」，「期待していなかったが，行ってみたら良かった」と答えた人の割合が最も高かった国は韓国（前年7位）だった。人気を集める食は，チーズグルメ，焼肉，そして鍋料理（タッカンマリ：辛くないスープで鶏肉を煮込んでいるが，辛くすることもできる）である。2位はオーストラリア（前年21位），3位にはタイ（前年3位）と台湾（前年4位）が並んでいる。トップ10のうち，半分以上（6つ）をアジアの国・地域が占めている（図表8-5参照）。
訪れた旅行先を複数回答で聞くと，1位は5年連続で台湾，2014年から2017年まではハワイのオアフ島が2位，韓国が3位だったが，2018年には2位が韓国，3位がハワイのオアフ島となった。

図表8-5　2018年の海外旅行先の食事満足度

順位	国・地域	順位	国・地域
1	韓国	6	バリ島
2	オーストラリア	6	ベトナムシティ（ホーチミン，ハノイ）
3	台湾	8	スペイン
3	タイ（ビーチリゾート以外）	9	シンガポール
5	北欧諸国	10	アメリカ東部

出所：『日経MJ』2019年7月3日付け。原出所はリクルートライフスタイル。

---

(3)　第3次韓流ブーム：2017年〜

第3次韓流ブームは，TWICE，防弾少年団，EXO，SEVENTEENなどの登場から始まる。

まず，先駆けとなった9人組の「TWICE」は，2017年10月に日本デビュー

した。「TWICE」は，同年の紅白歌合戦に出演しており，ダンスの振りつけだった「TTポーズ」は女子中高生が写真を撮るときのポーズとしてSNSで大人気となった。

　また韓国の男性7人組「BTS（防弾少年団）」は全米をはじめ，世界で活躍している。2017年から加速化した全米での展開からワールドツアーへ，そして日本への進出など，その実力（一糸乱れぬダンスと自分たちで楽曲をプロデュースなど）が世界で認められてきている。具体的には，BTSがアメリカを代表する音楽賞の1つである，「ビルボード・ミュージック・アワード」で3年連続（2017〜2019年）トップ・ソーシャル・アーティスト賞（Top Social Artist）を受賞したのである。特に2019年はトップ・ソーシャル・アーティスト賞以外にトップ・デュオ/グループ賞（Top Duo/Group）も受賞した。

　また，2018年5月には『LOVE YOURSELF 轉 'Tear'』が，アメリカで最も権威のあるアルバムチャート「ビルボード200」で初登場1位に輝いた。同年8月に発売されたアルバム『LOVE YOURSELF 結 'Answer'』も，9月8日付アルバムチャート「ビルボード200」で初登場1位を記録した。2度目の全米1位に輝いたことになる。非英語圏のアーティストが自国語（韓国語）でそのまま歌って1位になったのは，アジア圏出身者としては史上初のことである。換言すれば，アジアのアーティストが，欧米の10代の女性のアイドルになるというのはこれまでなかったことである。

　さらに，2018年5月に日本デビューをした，すべてをセルフプロデュース（楽曲，振りつけ，曲構成）している実力派13人組ボーイズグループ『SEVENTEEN』も注目を集めており，2019年4月には20万人を動員する日本ツアーを成功させた。

　一方，日経MJは，フリマアプリ大手の「フリル」の協力を得て，約1,700人の女性に「ファッションで参考にしている国」を質問したところ，10代は48%，20代は26%が「韓国」と回答をした。すなわち10代と20代合わせて74%の女性が韓国のファッションを参考にしているということになる。ファッション誌の全盛期には，フランスのパリやイタリアのミラノ，イギリスのロンドンやアメリカのニューヨークなどのコレクションレポートや，ストリートスナップ（street snap：街で見かける若者たちの服装や着こなしを撮影し

たスナップ写真）を見て最新情報を追うことがあたり前だったが，韓流の影響により現代は少し違う傾向が見られる。[23]

　今，韓国ファッションは，世界的に注目の的となっている。2018年にフランスのロレアルが買収を発表した，韓国の「スタイルナンダ（韓国系ファッション通販サイト）」は買収額が400億円とされている。そのスタイルナンダ発祥の地は東大門市場であり，その周辺には洋服や雑貨の卸売り専門のビルがびっしり並んでいる。

　近年，東京・新大久保に10〜20代の男性の姿が増えている。男性の目当ては，インスタ映えフードとして大人気の「チーズホットドッグ」や「ポテトレーラ」，「チーズタッカルビ」，「パッピンス」，そして「TWICE」のDVDやポスターなどである。10〜20代の男性ファンが増えた理由の1つは，SNSの浸透やTWICEのような日韓混成のアイドルグループの台頭によるものである。[24]

　2018年からの元徴用工判決問題や日本の韓国への輸出「運用見直し」などをめぐり，再び政治問題が浮上しているが，第3次韓流ブームのけん引役は主に10〜20代女性と男性である。この世代は，第1次韓流ブームと第2次韓流ブームをけん引した世代を母親または祖母として持っており，母親や祖母の影響を受けながら成長した若年層である。この若年層は良くも悪くも歴史や政治にはそれほど関心がなく，韓国に対して悪い印象を持たない。また，政治問題と文化交流とを別の問題と捉える日本人も増えている。[25]韓流はもはや特別なブームではなく，ありふれた日常となりつつある。

3　韓流のグローバル戦略

　グローバル企業が海外市場への進出を考える際に必ず直面する問題は，標準化をすべきか現地適応化をすべきかである。

　標準化あるいは世界標準化（global standardization）は，母国のマーケティング活動を修正することなく世界各国へ適用することであり，現地化あるいは現地適応化（local adaptation）は，それぞれの国の社会・文化・歴史などの特殊性を認め，現地市場への適応を図ることである。[26]

その問題について，ハーバード大学のレビット（Levitt, 1983）は，世界がグローバル化によって共通市場になりつつあり，人々は同じ製品や同じライフスタイルを求めているとして，世界市場の均質化という標準化を強調した。[27]

レビットの見解について，金（2009b）は「確かに，有名なブランド品に対する消費者のニーズ・ウォンツや有名な俳優に対する憧れ，インターネットの普及，温暖化に対する共通認識などはレビットの指摘どおりである。しかし，それぞれの国には固有の消費者の嗜好や慣習などが存在する。例えば歴史，制度，文化，慣習，言語が異なるにもかかわらず，単純にグローバルに標準化された製品，ライフスタイル，マーケティング戦略などが同じ方向に進むという見解には疑問が生じる」[28]と指摘した。

また，金はグローバル・マーケティングについて，地球全体を1つの同質なマーケット（標準化）としてだけではなく，異質なマーケット（現地適応化）としても見なすものであるとしている。

一方，マザーズボーとホーキンズ（Mothersbaugh & Hawkins, 2016）は，企業の文化的側面のグローバル戦略において標準化戦略は相当な費用削減をもたらすことができるとし，その標準化という統一性は時々可能ではあるが，企業は文化的違いを強調しなければならない[29]と述べている。その事例として，マクドナルドは，全世界的な統一性を維持するために努力してきたが，今は彼らの製品を現地のニーズに適応させている。例えば，日本の場合はバーガーに卵フライを追加したり，タイでは甘いバーベキューソースを添加したサムライポークバーガーを提供したり，ブラジルでは，長方形のパイに詰まっているのはアップルではなくバナナであり，インドでは人口のおよそ8割が宗教上の理由で牛肉を食べられないため，牛肉を用いたバーガーをメニューから排除するなどして製品を現地のニーズに適応させている。[30]

また，マクドナルドは，店舗レイアウトも現地適応をさせている。例えば，イスラム国家では店内の席を家族と未婚者で区別している。

大塚製薬のオロナミンC（炭酸栄養ドリンク）は，中東の人々に非常に人気があるという。その理由は，オロナミンCの味を中東向けの人々のニーズに合わせて新たに開発したからである。要するに，中東向けの方が日本向けより炭酸が少なく，あまみがより沢山入っている（大塚製薬の徳島工場，2011

年9月インタビュー）のである。すなわち，大塚製薬の中東での成功は，1つには，オロナミンCを中東の人々が好む味に現地適応化したことに起因するといえる。

　以上のように，とりわけ食文化は現地適応化が極めて重要であると思われる。例えば，牛はヒンドゥー社会では神聖なものであるとされている。したがって，ヒンドゥー教徒が多いインドのマクドナルドでは牛肉の代わりにラム肉や鶏肉が使われている。また，イスラム，ユダヤ教徒は豚肉を不浄などの理由から食べないとされているが，その論理は明らかにされていない。いずれにせよ，グローバル企業が海外市場への進出を考える際においては，こうした飲食に対する現地の嗜好や宗教による食に対するタブーを最優先に考慮すべきである。

　上記の議論や事例に鑑みるに，一般的に多くのグローバル企業は，標準化－現地適応化戦略に苦慮しているが，少なくともどういった条件のときに現地適応化戦略が必要となるかを考えなければならない。

　「韓流」について，上記の標準化－現地適応化戦略を用いて考察すると，「韓流」ドラマに関しては周知のように標準化であるといえる。しかし，第2次ブームからは，標準化－現地適応化という両戦略を用いている。例えば，韓国女性歌手グループのKARAについていえば，標準化戦略はメロディー，ダンス，ファッションなどであるが，現地適応化戦略は日本語の歌詞，メンバー全員が日本語を勉強し現地語である日本語で話すことに認められる。さらにいえば，韓国語ではなく，日本語で歌うことで，現地に根付きながら，現地の人々に溶け込もうとしている。とりわけ，アーティストのグローバル展開は，すでに前提条件となっている。歌や踊りの実力は当たり前であり，語学力も欠かせない。活動する国や地域が増えれば，その分活躍の機会も増えることになる。例えば，少女時代は初めからグローバル市場での展開を前提にしている。すなわち，少女時代は日本語，英語，中国語に堪能な人材をメンバーに加え，世界各国で現地適応化ができる構成となっている。

　第3次ブームにおいてもTWICEの場合は，多国籍9人グループで，各メンバーの国籍は台湾が1人，日本が3人，韓国が5人である。2017年3月に日本でデビューしたPENTAGON（ペンタゴン）は日本（1人），中国（1人），

韓国（8人）出身のメンバーからなる10人組ボーイズグループである。こうした複数の国籍のメンバー構成は，まさに現地適応化戦略であるといえる。2018年9月にデビューした「公園少女」は日本（1人），台湾（1人），韓国（5人）出身のメンバーからなる7人組のガールズグループである。韓国だけでなく，世界での活動を視野にいれたグローバルアイドルグループを名のり，意欲的に活動している。メンバー間の国籍の違いは障壁ではなく，グローバル展開のための1つのツールである。

BTSについても，日本では韓国語の歌詞で歌うのではなく，日本語で歌っていることが印象的である。前述したように2018年に『LOVE YOURSELF 轉 'Tear'』が，アメリカの「ビルボード200」で初登場1位に輝いた。非英語圏の言語で作られたアルバムが1位の座に就いたのである。BTSは，アメリカという巨大市場であっても非英語圏の言語である韓国語で歌って1位の座に就いているが，隣国である日本を他の国よりも尊重し重視もしており，日本のファンを大切にしていることを示す行動として，日本で発売している多くの楽曲を日本語版で歌っている。特筆すべきことは，これまで海外のトップ・アーティストは自分の曲を日本で歌う時に，日本語で歌うことはあまりなかったと言って良いだろう。

現地適応化と関連して，向山・Dawson（2014）は文化的差異が大きい場合には，消費者に直接かかわる活動の適応化の程度は大きくなるが，文化的差

図表8-6　韓流ブームの変遷過程と盛衰要因

項目 ＼ 時期	第1次ブーム (2003年〜)	第2次ブーム (2010年〜)	第3次ブーム (2017年〜)
主なスター	ペ・ヨンジュン，チェ・ジウなど	少女時代，BIGBANG，KARA，東方神起など	TWICE，防弾少年団，EXO，SEVENTEENなど
主なけん引役	中高年女性	20〜30代女性	10〜20代女性と男性
主なメディア	テレビ，DVDなど	テレビ，DVDなど	スマホ動画，SNSなど
成功要因	自分の青春時代の懐かしさ，古き良き優しさ，俳優でもファンミーティングを重視するなど	現地適応化戦略，若者向けの激しい音楽（KPOP）というコンテンツが新たな魅力，SNSなど	現地適応化戦略，SNS，プロフェッショナルな歌やダンス，凝った振りづけなど
衰退要因	歴史や政治問題	歴史や政治問題	―

異が小さい場合でも適応化は必要であると主張している。これが意味していることは、現地適応化と現地市場への溶け込み（embedding）が特に重要であるということである。これまで第1次韓流ブーム、第2次韓流ブーム、第3次韓流ブームについて考察してきたが、その変遷過程をまとめると図表8-6のとおりである。

　換言すれば、自分たちのブランド力を過信せず、常に現地の消費者視点で物事を考え、グローバル競争を勝ち抜こうとしているのである。このことは現地適応化がいかに重要であるかを物語っている。

　以上のことから、「韓流」が第1次韓流ブームで終焉を迎えることなく、第2次韓流ブーム、第3次韓流ブームへと続き、やがて韓国の文化が日本へ溶け込むことにより「韓国文化の定着」にまで至った秘訣の1つは現地適応化戦略にあり、その背景は一言でいえば相手に対する「想い：心の中で考える」ということであろう。すなわち標準化だけに固執するのではなく、現地適応化または現地市場への溶け込み、主に現地の言語で歌い、話すことによって好感を持たれ、また親しみを感じられやすくさせることが重要である。ここで、強調したいのは、相手を考える気持ちや想い、そしてその配慮が特異性を共通性へと変え、融合性を見出そうとする努力が実ったことである。

〈演習問題〉

(1)　日本以外の他の国を旅した経験があるか。もしあれば、その国の人々と日本人との間の価値、行動、消費パターンの違いを考えてみよう。

(2)　マクドナルドは、どのような方法で現地適応化に成功したのかを考えてみよう。

(3)　文化の生産システムが意味するものは何なのか。文化の生産システムの例と文化的な価値観がどのように影響を与えるかについて考えてみよう。

(4)　グローバル企業が海外進出する際に直面する問題として、標準化と現地適応化の戦略的選択がある。マーケティング活動のどの部分を標準化すれば良いのか、またはどの部分を現地適応化すれば良いのかを考えてみよう。

＊　本研究は、専修大学研究助成・個別研究、平成31年度「韓流と消費者に

ついて：光と影」の研究成果の一部である。記して感謝申し上げる。

〈注〉

1） Assael, Henry（2004）*Consumer Behavior: A Strategic Approach*, Houghton Mifflin Company, p.310.

2） Schiffman, Leon G., and Joseph L. Wisenblit（2015）*Consumer Behavior*, 11th ed., Pearson Education Limited, p.294.

3） Mothersbaugh, David L., and Del I. Hawkins（2016）*Consumer Behavior: Building Markrting Strategy*, 13th ed., McGraw Hill, p.40.

4） Kotler, Philip, and Kevin Lane Keller（2016）*Marketing Management, Global Edition*, 15th ed., Pearson, p.179.

5） Mothersbaugh, David L., and Del I. Hawkins（2016）*op.cit.*, p.43.

6） *Ibid.*, pp.40-42.

7） Assael, Henry（2004）*op.cit.*, pp.316-317.

8） *Ibid.*, pp.312-314.

9） Solomon, Michael R.（2011）*Consumer Behavior*, 9th ed., Prentice Hall, pp.577-579.

10） Featherstone, M.（1991）*Consumer Culture & Postmodernism*, SAGE Pub., pp13-27.（池田緑訳（2003）「消費文化の諸理論」川崎賢一・小川葉子編著訳『消費文化とポストモダニズム　上巻』恒星社厚生閣，pp.37-60）

11） 平田由紀江（2008）「韓流とその愛のあと―韓国を消費する女性とその表象をめぐって―」石田佐恵子・木村幹・山中千恵編著『ポスト韓流のメディア社会学』ミネルヴァ書房，pp.33-34。

12） 金成洙（2013c）「消費者行動と文化」黒田重雄・金成洙編著『わかりやすい消費者行動論』白桃書房，pp.153-154。

13） 『日経MJ』2017年7月7日付け。

14） 金賢美「韓国の［韓流］現象」石田佐恵子・木村幹・山中千恵編著『ポスト韓流のメディア社会学』ミネルヴァ書房，p.75。

15） 林夏生（2005）「大衆文化交流から見る現代日韓関係」小此木正雄・張達重編『戦後日韓関係の展開』日韓共同研究叢書14，慶応義塾大学出版会，pp.254-259。

16） 黄盛彬（2008）「韓流の底力，その言説」石田佐恵子・木村幹・山中千恵編著『ポスト韓流のメディア社会学』ミネルヴァ書房，pp.109-136。

17） 第一生命経済研究所（2005）「けいざい・かわら版―「冬ソナ」ブームの経済効果―」2月号（group.dai-ichi-life.co.jp/dlri/monthly/pdf/0502_8.pdf. 2019年12月25日にアクセス）

18）以下の文献を参照した。村上和弘（2008）「インターネットの中のつしま―ある「嫌
韓現象をめぐって」―」石田佐恵子・木村幹・山中千恵編著『ポスト韓流のメディア
社会学』ミネルヴァ書房，pp.181-202。鄭榮蘭（2014）「日本における「韓国文化受容」
と今後の課題―放送・映画部門での「韓流」受容の過程を中心として―」『日本国際情
報学会誌』11巻1号，pp.44-55。木村幹（2008）「ブームは何を残したか―ナショナリズ
ムの中の韓流―」石田佐恵子・木村幹・山中千恵編著『ポスト韓流のメディア社会学』
ミネルヴァ書房，pp.203-228。

19）權容奭（2010）『「韓流」と「日流」』NHKブックス，pp.81-87。

20）「新世代が市場を拡大させるK-POP最前線2016」『日経エンターテイメント』日経BP
社，2016年6月号，pp.84-85。

21）『日経MJ』2014年4月11日付け。

22）「新世代が市場を拡大させるK-POP最前線2016」前掲雑誌，p.46。

23）『日経MJ』2018年3月23日付け。『日経MJ』2017年7月7日付け。

24）『日経MJ』2018年9月26日付け。『日経MJ』2018年9月17日付け。

25）『東洋経済ONLINE』2019年6月10日号，（https://toyokeizai.net/articles/　2019年7
月5日）。

26）金成洙（2012）「消費者行動と文化の影響：韓流について」『専修マネジメント・ジャ
ーナル』専修大学経営研究所，Vol.1 Nos. 1&2（創刊記念号），p.62。

27）Levitt, T.（1983）"The Globalization of Market," *Harvard Business Review*, May-June,
pp.92-102.

28）金成洙（2009b）「グローバル・マーケティング」宮澤永光・城田吉孝・江尻行男編著
『現代マーケティング』ナカニシヤ出版，pp.208-227。

29）Mothersbaugh, David L., and Del I. Hawkins（2016）*op.cit.*, pp.64-65.

30）Lelly, Nataly（2012）「McDonald's Local Strategy, from El Mcpollo to Le Mcwrap
Chevre」, paper.（https://hbr.org/2012/10/mcdonalds-local-strategy-from, 2019年7月
6日にアクセス）

31）向山雅夫・Dawson, J.（2014）「フォーマットとフォーミュラによる国際戦略の構築」
向山雅夫・J. Dawson『グローバル・ポートフォリオ戦略』千倉書房，pp.41-66。

第9章 消費者行動とグローバリゼーション
—ウォルマートの事例—

学習の要点

①ウォルマートの企業文化と成長戦略（価格戦略，人間尊重・労務戦略，立地戦略，サプライチェーン・マネジメント戦略，情報技術戦略，業態開発戦略）について学習する。

②ウォルマートの業態と部門別動向について学習する。

③ウォルマートの日中韓参入動向を学習する。

④中国におけるグローバルリテーラーの標準化－現地適応化問題について学習する。

⑤日中韓の経済発展段階と標準化－現地適応化問題について学習する。

キーワード

・ウォルマートの企業文化
・ウォルマートの成長戦略
・光と影
・標準化－現地適応化戦略
・日中韓の経済発展段階

1 ウォルマートとは

1 ウォルマートの企業文化

　ウォルマートは，1962年にアメリカ中西部のアーカンソー州の地方都市，人口わずか4,500のロジャーズという小さな町にディスカウントストアの1号店をオープンした。ウォルマートは，開業からEDLP（Everyday Low Price：毎日低価格）を社是（創業者の基本理念）に，「満足保証（返品自由）」を掲げ，徹底した低価格路線で，多くの消費者を引きつけ，消費者を魅了した。ウォルマートは，こうした徹底した低価格をベースに物流のイノベーション，IT導入，業態の開発，グローバル展開などを推し進め，成長・発展を持続させ，約半世紀で世界最大の売上を誇る企業となった。現在，ウォルマートの連結売上高（2018）は5,003億ドルであり，世界中で約230万人の従業員が毎週来店する2億7,000万の顧客と会員のニーズを満たしている[1]。

　ウォルマートの事業規模がどのくらいかを理解するために，2018年世界の名目GDP（国内総生産：USドル）をみると，ランキング26位のタイが4,872億ドル，27位のオーストリア が4,576億ドルであることから，ウォルマートの2018年連結売上高（5,003億ドル）はタイ以下の各国のGDPを上回る規模である。このようにウォルマートがいかに巨大な売上高を有する企業かと強く印象に残る[2]。

　こうした驚異的な成長の背後には，ウォルマートの独特な企業文化が存在する。企業文化は，企業の管理職や一般社員に浸透していき，企業の動きを他社と異なる独特なものにしていく原動力になる。ウォルマートの原動力となった企業文化は，次の3つの基本信条から成り立っている。①個人を尊重する，②顧客に奉仕する，③最高を目指す，である。その企業文化の目的は，顧客の生活水準を向上させることにある。この3つの文化的礎石の原点は，「顧客満足」に他ならない。すなわち，サム・ウォルトンは，顧客の満足を最大化するために，EDLPを掲げたといえる。それに加え，従業員が3つの基本信条を実行に移しやすくするためにサム・ウォルトンは1992年に自叙

伝で10のルールを述べた。その10のルールは以下のとおりである。

法則 1 :「あなたの事業に夢中になりなさい」
法則 2 :「利益をすべての従業員と分かち合いなさい」
法則 3 :「パートナーたちの意欲を引き出しなさい」
法則 4 :「できる限りパートナーたちと情報を共有しなさい」
法則 5 :「誰かが会社のためになることをしたら，惜しみなく賞賛しなさい」
法則 6 :「成功を祝い，失敗のなかにユーモアを見つけなさい」
法則 7 :「すべての従業員の意見に耳を傾けなさい」
法則 8 :「お客の期待を超えなさい」
法則 9 :「競争相手より経費を抑えなさい」
法則10:「逆風に向かって進みなさい」

　一方，かつては急成長をとげ優良企業であった百貨店メーシーが倒産した
り，ディスカウント店のKマートが経営破綻したり（後に再建），また2017
年9月には玩具とベビー用品の総合専門店トイザらすが破綻した。勝ち組で
あった有力企業が時代を経て競争力を失い，国内・外の企業との競争にさら
され市場を奪われるのは，時代や環境変化に伴って生じる消費者のニーズや
ウォンツに的確に応えていないことに他ならないのである。

2　世界トップのウォルマート

　図表9-1は，アメリカのビジネス専門誌フォーチュンによる世界の企業売上
高上位500社「Fortune Global 500（2017年）」の上位10社である。1位ウォ
ルマートの売上高は5,003億ドルで，2位ステートグリッド（国家電網）の売
上高は3,489億ドル，3位シノペック・グループ（中国石油化工集団）の売上
高は3,270億ドルである。1位と2位の差は1.4倍であり，1位と3位の差は
1.5倍である。以上のようにウォルマートは，他の産業よりも売上規模は大き
く，世界で最も売上高の多い企業である。

図表9-1　世界の企業の売上高ランキング（2017）

順位	社名（国名）	売上高（百万ドル）
1	ウォルマート（米）	500,343
2	ステートグリッド（中）	348,903
3	シノペック・グループ（中）	326,953
4	チャイナナショナル石油（中）	326,008
5	ロイヤルダッチシェル（蘭）	311,870
6	トヨタ自動車（日）	265,172
7	フォルクスワーゲン（独）	260,028
8	BP PLC（英）	244,582
9	エクソンモービル（米）	244,363
10	バークシャー・ハサウェイ（米）	242,137

出所：http://fortune.com/global500/　2019年6月1日にアクセス。

　一方，図表9-2は，世界最大規模の会計事務所であるデロイト・トウシュ・トーマツ（デロイト）による世界の小売業の売上高上位250社「Global Powers of Retailing Top 250（2017年）」の上位10社である。世界の小売企業1位ウォルマート（米）の売上高は5,003億ドルで，2位コストコ（米）の売上高は1,290億ドル，3位クロガー（米）の売上高が1,190億ドル，4位アマゾン（米）の売上高が1,186億ドル，5位シュワルツ・グループ（独）の売上高が1,118億ドルと続いている[5]。

　興味深いことに，アメリカの企業が上位1位（ウォルマート）から4位（アマゾン）までを独占している。また売上高において，1位と2位の差は3.9倍であり，1位と3位の差は4.2倍であり，上位2位から5位までの売上高を合わせても1位のウォルマートの売上高には及ばない状況にある。この巨大な格差は，しばらくは埋まりそうもない。

　以上のことから，ウォルマートは小売業の中では圧倒的な売上高を維持し続け，確固不動の地位を得ているといえる。

図表9-2　世界の小売業の売上高ランキング（2017）

順位	社名（国名）	売上高（百万ドル）
1	ウォルマート（米）	500,343
2	コストコ（米）	129,025
3	クロガー（米）	118,982
4	アマゾン（米）	118,573
5	シュワルツ・グループ（独）	111,766
6	ホームデポ（米）	100,904
7	ウォルグリーン（米）	99,115
8	アルディ（独）	98,287
9	CVSヘルス（米）	79,398
10	テスコ（英）	73,961

出所：Global Powers of Retailing 2019（https://www2.deloitte.com/content/dam/Deloitte/global/
Documents/Consumer Business/cons-global-powers-retailing-2019.pdf　2019年6月1日にア
クセス）。

2 ウォルマートの成長戦略

　ウォルマートは，なぜ世界第1位の企業となったのか。ウォルマートの競
争優位は何か。どのような成長戦略があったのか。その成長戦略についてさ
まざまな論者が指摘している。本節では，ウォルマートを成長戦略とその効
果（原因と結果）という観点から体系的に捉え直して再検討し，従来の成功
要因に新たな主張を加えたい。

1　価格戦略

　ウォルマートの企業理念は，エブリデイ・ロープライス（Every Day Low
Price：毎日低価格）である。すなわち，特売や期間限定で安売りを強調する
ということではなく，EDLPというあらゆる商品の定常的な低価格販売を行
うことである。これには，競争相手よりも販売価格を低く設定して薄利多売
で多くの売上を獲得するねらいがある。また，ウォルマートのEDLPを実現
しているのは，エブリデー・ローコスト（Every Day Low Cost：毎日低費

用）の取り組みがあるからである。前者は消費者との対応であり，後者はサプライヤーとの対応の関係である。

その効果として①消費者に特売や期間限定の安売りをするためにかかる販促費や人件費を軽減できること，②顧客には常時低価格で商品を購入できる安心感を与えられること，③常連客というリピーターを確保することによって継続収入に結びついていること，④他の店との比較購買をあきらめさせること，⑤地域の中小小売店には価格での競争をあきらめさせること，などが挙げられる。[6]

2　人間尊重・労務戦略

ウォルマートでは従業員は同じ目的を有し，成果も同じくする仲間なのである。同社の社内では従業員のことを「エンプロイー（employee：使用人）」ではなく，「アソシェイト（associates：仲間・同僚）」と呼び，従業員との密接なコミュニケーションを重視してきた。一方，現場のアソシェイトの1人ひとりは，ウォルマートを「運命共同体」と認識していた。優れた小売業やサービス業は，積極的な従業員態度がより強い顧客ロイヤルティを促進すると理解している。このことは，経営者と従業員との良好な関係が，従業員と顧客との関係に影響を及ぼすということであり，小売業やサービス業が顧客を満足させたいならば，従業員を大切にすることが必須条件である。[7]

また，ウォルマートの従業員は，従業員持株制度を利用することにより，株主となり，ウォルマートの売上高が上がれば株価も上がり，配当金がアップするため，経営成績にも関心を寄せることとなり，能動的に協力する仕組みを構築できたのである。それに加えて必要な部署への優秀な人材を外部からスカウトし，自社に引き入れるという採用方法により効果的に人材を確保した。こうした採用方法でスカウトされたデビット・グラスとリー・スコットは，後に二代目（1988年）と三代目（2000年）のCEO（chief executive officer：最高経営責任者）に就任することとなった。こうした企業文化は，今日でも組織的に継承されている。[8]

効果として①常に現場の声を吸い上げる体制を取り続けることができたこ

と，②現場でなければわからない改善，改革の声などを実際の経営に反映させることで，より現場が活気づいたこと，③アソシェイトが改善策を提案する際も義務やノルマではなく，「運命共同体として」建設的な提案をしていくことで，顧客満足を向上させ，売上高を伸ばしていくことができたのである[9]。

3　立地戦略

　ウォルマートの出店戦略は，競争相手には魅力的に思われないような，小さな町に正規規模のディスカウントストアを開店することにある。すなわち，大きなチェーンとは直接的な競争を避けて，小さな町に出店することでビジネスチャンスを創出するのである。

　当時，ディスカウントストアは，大量の需要が期待される大都市に出店するというのが常識であった。その頃，同業のKマートは，人口5万人以下の町には出店しなかった。ウォルマートの出店戦略は，誰も進出したがらないような小さな町の真空マーケットに進出し，その後の手法としては，本拠地を中心に集中的にドミナント出店し，飽和状態になるまで1つの商勢圏を寡占していくというものである[10]。このようにウォルマートのカントリーや人口の少ない地方の小都市中心の立地戦略は革新的である。

　その効果として①競争相手が進出してこない地域を選ぶことによってライバルがいないこと，②小商圏内の消費者を根こそぎ吸引することができること，③中小小売商を排除して独占的な企業となって成長できること，などが挙げられる。

4　サプライチェーン・マネジメント戦略

　当時のディスカウントストアは，ブローカーらが持ってくる商品を仕入れ，それに15％の手数料を含めて売価を設定した。しかし，ブローカーらはウォルマートが営業している片田舎までは商品の配送を行ってはくれなかった。これが1970年に自前の物流センターを建設する動機になったのである[11]。

　1976年には物流センターの基盤がつくられ，的確な在庫管理とコストの削

減が進み，1978年にはサーシーに大型物流センターがつくられ，この物流センターを中心に半径200マイルに60〜100店舗をドミナント出店することにした。[12)]

1980年代半ばには1つのセンターが半径240〜480km内にほぼ100〜175店舗をカバーすることで，店舗のほとんどすべての商品をたとえ少量でも発注の48時間後には納品できるようになった。[13)]また，ウォルマートは，複数のベンダー（仕入先）からの貨物を物流センターに入荷後，在庫保管することなく，そのまま仕分けを行い出荷する，独自の運送システムと革新的なクロスドッキングロジスティックを運営している。[14)]こうした自前の物流センターの設立は，効率的かつ効果的な経営体質の確立とウォルマートの経営的な発展の原動力となった。

効果として①物流コストを大幅に削減できるようになったこと，②それによって，主に小都市や町に立地していた店舗を大都市周辺へ広げられたこと，③店頭在庫の削減によって売場面積の拡大ができたこと，④入荷，仕分け，流通加工，保管，出荷などの一連の作業の集約化・効率化が可能となったこと，⑤専属ドライバーを通して店舗や取引先の実情や苦情，問題点などの現場の生の声を把握できたこと，[15)]などが挙げられる。

5　情報技術戦略

ウォルマートは，小売業界で先駆けて先端的な情報技術を導入した。ウォルマートは1978年にユニバーサル・プロダクト・コード（Universal Product Code：米国やカナダで使用されている商品コード）によるバーコード・システムやコンピュータによる品目別在庫管理に取り組み，1983年には本格的に採用した。1987年には衛星による通信を実現させた。この通信衛星によるシステムは民間では最大で，アメリカ国防総省に次ぐ処理能力を有するとまでいわれている。1988年にはウォルマートの店舗の98％でバーコードでのスキャニングが可能になった。

さらに，ウォルマートは「スマート・システム（Smart System）」と「リテール・リンク（Retail Link）」を利用している。スマート・システムとは，

店舗運営費の節減のために導入された，POSによる販売データの管理，精度の高い発注と自動在庫補充ができるシステムである。これは，競争相手のどこよりも効率的な店舗運営システムを構築するためのものである。リテール・リンクとは，取引先メーカーと販売・在庫情報を共有するシステムである。これは，どこよりも低い商品仕入れコストの仕組みを実現するためのものである。これによって，ウォルマートはいつ，どの店舗で，何が売れたかといった販売データを見ることができ，一方で取引先メーカーは自社製品の売上，在庫などを知ることができる[16]。

　その効果として①特定の商品についてどれだけ仕入れ，どれだけ売ったかを正確に把握できること，②衛星を利用することで，テレビスタジオから現場や全従業員にメッセージを送ることが可能となったこと，③データや音声を本部とチェーン店の双方向でやり取りでき，本部から各店に映像を送ることができること，④店頭での品切れや欠品，過剰在庫をなくすことができること，⑤顧客が要求する商品を適切な時に，適量を店舗に供給し，適切な価格で販売することが可能となったこと，などが挙げられる。

6　業態開発戦略

　ウォルマートは，1962年にディスカウントストア（discount store）からスタートし，1983年には会員制ホールセールクラブ（wholesale club）であるサムズクラブ（Sam's Club）を導入した。ウォルマートにとって，この2つの業態導入はすでに存在していた業態の模倣であり，後発である。

　1988年にウォルマートは，スーパーセンター（Supercenter）という非食品中心のディスカウントストアに食品中心のスーパーマーケットを完全に一体化した小売業態を開発したのである。そこには，ヘアサロン，銀行，ガソリン・スタンド，レストラン，薬局などが併設されている。その後，ウォルマートは，ディスカウントストアの小型店を年間100店ペースで，スーパーセンターに置き換え，2005年にはディスカウントストアの店舗数を追い抜いた。その影響もあり，1990年から約10年間に29のスーパーマーケットチェーンが倒産に追い込まれたが，そのうちの25の倒産はウォルマートの直接的な

影響によるものとされている。[17]

　ウォルマートのもう1つの開発は，1998年のネイバーフッド・マーケット（Neighborhood Market）である。これは，スーパーセンターから食品及びその関連商品を取り出したスーパーマーケットである。ウォルマートは，スーパーセンターの周辺にネイバーフッド・マーケットを配置して，マーケットシェアを向上させる商圏ドミナント戦略を推進している。業態の開発のねらいは，スーパーセンターやディスカウントストアが出店していない比較的狭い商圏の消費者を取り込むことにある。

　効果として①スーパーセンターの開発によって1つの店舗内で顧客が様々な商品を買い求めること，いわゆるワンストップショッピングができること，②時代遅れとなったウォルマートのディスカウントストアに，とって代わる成長業態として位置づけることができたこと，③顧客にとっての新たな購買

図表9-3　ウォルマートの成長戦略

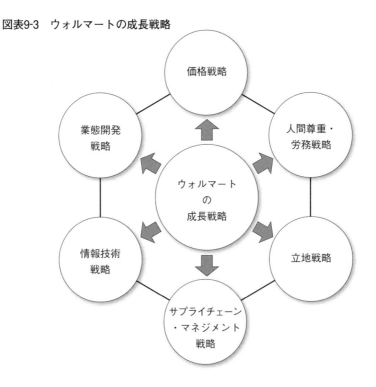

行動へのニーズ（クイックショップのニーズ，移動時間の短縮のニーズなど）を生み出したこと，④近隣型マーケットによりスーパーセンターではカバーできない需要への対応ができること，⑤この近隣型マーケットは都市部への出店ができたこと[18]，などが挙げられる。図表9-3はウォルマートの成長戦略を表したものである。

　以上のように，ウォルマートの成長戦略として6つを取り上げたが，その成長戦略の源は新たな業態の導入や開発とそれに伴う新たな価値創出にある。以降では，ウォルマートの業態の動向を考察したい。

3 ウォルマートの業態と部門別動向

1　ウォルマートのストアフォーマット

　ウォルマートの国内ストアフォーマットは，「ディスカウントストア」，「スーパーセンター」，「ネイバーフッド・マーケット」，「サムズクラブ」の4つである。

　まず，ディスカウントストアの商品構成は，ゼネラル・マーチャンダイズといわれる非食料品の耐久消費財である。売場面積は3万から20万6,000平方フィートで[19]，平均の売場面積は約10万5,000平方フィートである。最終消費者をメイン・ターゲットにしている。

　次いでスーパーセンターの商品構成は，ディスカウントストアに食品及びその関連商品を取り入れたものである。売場面積は，6万9,000から26万平方フィートで，平均の売場面積は約17万8,000平方フィートである。最終消費者をメイン・ターゲットにしている。このスーパーセンターが，ウォルマートの持続的な成長を支えている新しい業態である。

　次のネイバーフッド・マーケットの商品構成は，スーパーセンターから食品及びその関連商品を取り出したスーパーマーケットである。売場面積は2万

8,000から6万5,000平方フィートで，平均の売場面積は約4万平方フィートである。最終消費者をメイン・ターゲットにしている。このネイバーフッド・マーケットは，主にスーパーセンターの周辺に配置され，マーケットシェアを向上させる商圏ドミナント戦略がとられている。

　最後のサムズクラブの商品構成は，非食料品と食料品であり，会員制ホールセールクラブである。売場面積は9万4,000から16万8,000平方フィートで，平均の売場面積は約13万4,000平方フィートである。メイン・ターゲットはビジネス顧客で，粗利益率が低いことと，商品構成が少ないことで他のストアフォーマットとは異質なものである。

　一方，ウォルマートの国外ストアフォーマットを見ると，一般に小売業の売場面積が8,900から18万6,000平方フィートであり，卸売業の売場面積は3万5,000から18万5,000平方フィートである。その他にはドラッグストアやコンビニエンスストアなどがあるが，特にブラジル，メキシコ，イギリスでの売場面積は，最大2,400平方フィートである。

　以下ではウォルマートの業態別店舗数の推移，及び部門別動向[20]について考察しよう。

2　ウォルマートの業態別店舗数の推移

　図表9-4は，2008年から2018年までの10年間におけるウォルマートの業態別店舗数の推移を表している。この図表から，ディスカウントストアの出店数は2008年から2018年まで一貫して減少し続けているのに対し，スーパーセンターと，ネイバーフッド・マーケットの出店数は2008年から2018年まで一貫して増加し続けているという動きが見られる。一方，サムズクラブの出店数は2010年に一度減少したものの，それ以降は再び増加に転じていたが，2018年に再び減少した。海外事業の出店数は，2014年にはじめて減少に転じたものの，2015年から再び増加の兆しを見せていたが，2018年に再び減少した。

　ウォルマートの国内出店数と海外出店数の比率を見ると，2008年から2013年までは国内出店比率が減少し，その分海外出店比率が増加したが，2014年

図表9-4　ウォルマートの業態別店舗数の推移

（単位：%）

| | 国内 | | | | | | 海外 | | 全体 | |
	DS	S'C	SC	NM	小計	(%)	小計	(%)	合計	(%)
2008	971	591	2,447	132	4,141	57.0	3,121	43.0	7,262	100
2009	891	602	2,612	153	4,258	54.1	3,615	45.9	7,873	100
2010	803	596	2,747	158	4,304	51.1	4,112	48.9	8,416	100
2011	708	609	2,907	189	4,413	49.2	4,557	50.8	8,970	100
2012	629	611	3,029	210	4,479	44.2	5,651	55.8	10,130	100
2013	561	620	3,158	286	4,625	42.9	6,148	57.1	10,773	100
2014	508	632	3,288	407	4,835	44.2	6,107	55.8	10,942	100
2015	470	647	3,407	639	5,163	45.1	6,290	54.9	11,453	100
2016	442	655	3,465	667	5,229	45.4	6,299	54.6	11,528	100
2017	415	660	3,522	735	5,332	45.6	6,363	54.4	11,695	100
2018	400	597	3,561	800	5,358	45.7	6,360	54.3	11,718	100

注：DS→ディスカウントストア，S'C→サムズクラブ，SC→スーパーセンター，NM→ネイバーフッ
　　ド・マーケット。
出所：*Wal-Mart Annual Report 2008〜2018.*

から2018年までは国内出店比率が増加し，その分海外出店比率が減少して
いる。とりわけ，海外出店比率を2008年と2013年とで比較すると，2008年
の海外出店比率は43.0％，2013年の海外出店比率は57.1％であり，海外出店
比率はこの6年で14.1％増加した。しかし，2018年の海外出店比率は54.3％
であることから，2013年の57.1％と比較すると，海外出店比率はこの4年で
−2.8％と減少した。以上のことは，海外出店を取り巻く環境の厳しさを物語っ
ている。

3　ウォルマートの部門別動向

　図表9-5は，2008年から2018年までの10年間におけるウォルマートの部門
別売上高と構成比の推移を表している。この図表からウォルマートの売上高
全体は，2016年（478,614百万ドル）にはじめて減少したが，2017年（481,317
百万ドル）からは増加に転じている。部門別にみると，まずウォルマートの
サムズクラブの売上高は，2009年（47,976百万ドル）を境に，2010年（47,806

百万ドル）には下がったり，2011年（49,459百万ドル）には上がったりといった変動を現在（2018年）までに何度も繰り返している。また，ウォルマートの海外事業の売上高は，2014年（136,513百万ドル）を境に，2015年（136,160百万ドル），2016年（123,408百万ドル），2017年（116,119百万ドル）と減少傾向にあったが，2018年（118,068百万ドル）は増加に転じている。以上のように，サムズクラブの売上高の伸び悩みが鮮明になっており，海外事業においては2018年に若干売上高が増加したものの，依然として厳しい状況が続いている。すなわち，サムズクラブと海外事業の成長に陰りが色濃く現れている。

　一方，ウォルマートの事業は国内と海外事業の大きく2つに分けられるが，ウォルマートの売上高の構成比は2014年（国内：71.1%，海外：28.9%）を境に2015年（国内：71.8%，海外：28.2%），2016年（国内：74.2%，海外：25.8%），2017年（国内：75.9%，海外：24.1%），2018年（国内：76.2%，海外：23.8%）と国内事業は増加傾向であるが，海外事業は減少傾向にある。特にウォルマートUSの売上高は，2014年（59.1%），2015年（59.7%），2016年

図表9-5　ウォルマートの部門別売上高と構成比　　　　　（単位：100万ドル）

	ウォルマートUS		サムズクラブ		海外事業		
	売上高	構成比(%)	売上高	構成比(%)	売上高	構成比(%)	総売上高
2008年	239,529	64.0	44,357	11.8	90,421	24.2	374,307
2009年	256,970	64.0	47,976	12.0	96,141	24.0	401,087
2010年	259,919	64.2	47,806	11.8	97,407	24.0	405,132
2011年	260,261	62.1	49,459	11.8	109,232	26.1	418,952
2012年	264,186	59.5	53,795	12.1	125,873	28.4	443.854
2013年	274,433	58.9	56,423	12.2	134,748	28.9	465,604
2014年	279,406	59.1	57,157	12.0	136,513	28.9	473,076
2015年	288,049	59.7	58,020	12.1	136,160	28.2	482,229
2016年	298,378	62.3	56,828	11.9	123,408	25.8	478,614
2017年	307,833	64.0	57,365	11.9	116,119	24.1	481,317
2018年	318,477	64.3	59,216	11.9	118,068	23.8	495,761

出所：*Wal-Mart Annual Report 2008～2018.*

（62.3％），2017年（64.0％），2018年（64.3％）と著しく増加していることがわかる（図表9-5参照）。

　これまでにウォルマートは，成長のために小都市や地方都市から大都市へと進出するだけではなく，1991年にはメキシコを皮切りに海外進出へと意欲的に事業展開したが，近年その成長に急ブレーキがかかっているように見える。成長低下の要因には，主要顧客の低所得者層を奪った低価格の小型店「ダラーショップ」や家電などの高額商品の販売量を奪ったネット通販業者（主にアマゾン）などの他業態の躍進，2013年11月からの米政府による食料品購入補助制度の配給券（フードスタンプ）の削減などが挙げられる[21]。

　上述のように，ウォルマートの海外事業は極めて厳しい状況が続いている。次の節ではウォルマートの海外事業について，特に東アジア（日中韓）への進出に焦点を当て，参入動向から検討したい。

4 ウォルマートの日中韓参入動向

1 ウォルマートの日中韓へ参入

　グローバルリテーラーは，アジアが長期にわたって魅力的なマーケットであり，世界で最も経済成長力の高い地域であると見なしてきた。特にグローバルリテーラーは東アジアを重要ターゲットとして認識している。現在，東アジアの国内総生産（GDP）上位3国は中国，日本，韓国である[22]。

　以上の現実を反映するように，売上高ランキング世界1位のアメリカのウォルマートは東アジア主要国（日中韓）に参入している。

　まず中国の小売市場において，ウォルマートが参入したのは1996年である。参入方式は，小売業務にあまりかかわりがないデベロッパーをパートナーにして，出店地域を深圳とその近隣地域の広東省に限定し，2000年までに6店舗を出店したが，物流センターの建設を先行させ，それを中心に店舗網を広げていく集中出店戦略を採用している[23]。店舗数は年々増加しており，2018年

の店舗数は443店となった。[24)]

　韓国ではウォルマートは，1998年7月にオランダのコリア・マクロの既存店舗（4店舗）を買収する形で参入した。ウォルマートの新しい市場への参入戦略は，進出国の企業とのパートナーシップを構築し，その後に買収することによって行われる。この戦略は韓国でも採用された。ウォルマートは本格参入する前に，進出国の小売業とパートナーシップの契約を結び，その次に当該パートナーシップ企業を買収する戦略をとる。ウォルマートの韓国参入においても，韓国マクロを買収し，韓国進出を図ったのである。

　それ以降1999年に5店，2000年に6店へと他社と比べてしばらく停滞していたが，2001年には9店へと店舗数を拡大した。2005年のウォルマート店舗数は16店まで増加したが，2006年5月にウォルマートは韓国流通大手Eマートに売却を決めた。[25)]

　日本においてウォルマートは，2002年3月に経営再建中のGMS西友との資本・業務提携をし，段階的出資という形で日本市場に参入した。2002年5月には，西友が実施する第三者割当増資の一部をウォルマートが引き受けて西友の株式6.1％を取得し，2002年12月には34％，2005年12月には53％に引き上げ，西友を子会社化した。ウォルマートが日本では出資比率を段階的に引き上げる方法で参入したことを考えてみると，日本市場に対するウォルマートの慎重さが読み取れる。

　西友は1,500億円以上の資産を売却し，全社員の1/4に当たる1,500人の人員削減を行うなど，西友の財務経営体質を改善するためのリストラを断行しているが，2005年2月期まで3期連続で最終赤字を計上している。[26)] 2006年の店舗数は393店であったが，現在（2018）は店舗数が336店まで減少しており，未だ成果として数値に表れていないのが現状である。すなわち，日本の消費者の反応が芳しくなく，今のところ大幅な営業増といった具体的な成果には結びついていない。

　以上のウォルマートの日中韓参入動向を表にすれば，図表9-6と図表9-7のとおりである。

図表9-6　日中韓におけるウォルマートの参入形態

進出国	進出年	外資比率（％）	投資のタイプ
中国	1996	－	現地パートナーと合弁
韓国	1998	100	マクロを買収
日本	2002	55.1	段階的出資により西友を買収

図表9-7　日中韓におけるウォルマートの店舗数の推移

国	進出年	2000年	2005年	2010年	2015年	2018年
中国	2	6	43	279	411	443
韓国	3	6	16	－	－	－
日本	－	－	398	371	431	336

注：*Wal-Mart Annual Report*には，日本の店舗数が2006年から記載されているため，2005年の店舗数は2006年の店舗数を使用。
出所：*Wal-Mart Annual Report 1996〜2018*を参考に筆者作成。

....

コラム1 ▶ グローバル企業が海外市場に参入する際に考慮すべき要素

　グローバル企業が海外市場に進出する際に考慮すべき項目として，代表的なものとして次の5つが挙げられる。

①地域の文化が同質なのか，異質なのか。

　国の境界は，一般的に同じ性向があることを反映しているが，特定の国ごとの違いも考慮する必要がある。例えば，中国のような地域の文化，田舎と都市の文化を持っているだけでなく，中国国内でも所得，年齢及び教育に関連して，かなりの差がある。このため，マーケティングキャンペーンは，単に国ではなく，国内での文化的及び人口統計集団によって開発されなければならない。

②この製品またはこれに関連する製品は，この文化の中で，どのようなニーズと欲求を満たすのか。

　企業が解決すべき問題は，現在の製品や変更された製品がその国でどのような欲求を満たすことができるかである。例えば，自転車とバイクは，米国では娯楽の用途が主であるが，多くの他の国では交通手段の役割を果たしている。

③この製品を必要とする人々の数が十分にあり，彼らには購入する能力があるのか。

　初期の人口統計的分析では，製品を希望する人の数や世帯の数と，それらが実際に製品を購入する能力があるかを判断することが必要である。例えば，中国には13億人以上の消費者がいるが，欧米の製品の効果的な市場は，全体の約20％未満であると推定されている。

④製品と関連する政治的構造と法的構造はどうか。

　一国の法律の構造は，企業のマーケティング・ミックスの各側面に影響を与えると

いうことである。例えば，中国は最近，家族の視聴時間帯のセックスアピールを禁止し，新しいインターネットカフェのオープンに関する規制を厳しくしている。イギリスは最近，16歳未満の子どもを対象としたジャンクフード広告を禁止し，有料ツイートの規制を強化している。このような法的制限は，企業のマーケティング活動に対して標準化されたアプローチを使用するのを制限する。

⑤どのような方法で我が製品をコミュニケーションできるか。

この質問は，A．可能な媒体と各媒体に注意を払う人，B．製品が満たすニーズ，C．製品及び製品の使用に関連する価値，D．該当文化の言語的及び非言語コミュニケーション・システムの調査が必要である。企業のプロモーション・ミックス（パッケージング，非機能的な製品デザインの特徴，個人的な販売技術，広告など）のすべての側面は，上記の４つの要素に基づいている。

出　所：Mothersbaugh, David L., and Del I. Hawkins (2016) *Consumer Behavior: Building Markrting Strategy*, 13th ed., McGraw Hill, pp.65-68.

2　日中韓におけるウォルマートの光と影

　ここでは，日中韓に参入したウォルマートの現状を「光」と「影」に当てはめて考察する。さらに，理解を深めるために「光」を成長し続けている意味での「成功」という用語で表し，「影」を売上不振という意味での「苦戦」という用語と国内市場から撤退した企業という意味での「失敗」という用語にそれぞれ分けて検討したい。

　まず中国では，ウォルマートは，「光」なのか，「影」なのか，断言はできない。その理由としては，中国に進出したグローバルリテーラーのなかでは，店舗数が最も多いチェーンストアではあるが，立地の選定や管理体制の確立に不備があって数々の不祥事を引き起こしているからである。加えて，近年から電子商取引による低価格競争，人件費や賃料の高騰によって収益の悪化が目立ったため，店舗整理を迫られている。また，2015年２月にウォルマートは，中国での純売上高が前年の11月から当年１月までの３か月の間に0.7%下がったと指摘されてもいる。[27] 日本市場では「影」として「苦戦」しており，韓国では「失敗」したといえよう。[28]

　以上の日中韓におけるグローバルリテーラー光と影を表にすれば，次の図表9-8のとおりである。

図表9-8　日中韓におけるウォルマートの光と影

進出国	光	影	
	成功	苦戦	失敗
中国	◎		
韓国			◎
日本		◎	

　こうして日中韓に参入したウォルマートは，予想外の伸び悩みで苦戦を強いられたり，すでに否応なしに撤退に追い込まれたりしている。

　次節では，東アジア（日中韓）のなかで，唯一成功したグローバル企業（カルフール）がある中国に焦点を当て，グローバル企業（ウォルマートとカルフール）の標準化─現地適応化戦略の観点から比較検討してみよう。

コラム２▶

　ウォルマートの５代目のCEO（最高責任者）ダグ・マクミロンは，「将来ウォルマートに成長をもたらす主な原動力はアメリカですか，それとも海外でしょうか」という問いに「*HBR* 誌のINTERVIEW」で次のように言及している。

　「以前は国際事業の売上比率に拡大目標を設定していましたが，現在ではそれほど重視していません。米国市場には今後も成長余地があるからです。とはいえ，当社はさまざまな市場を伸ばしていこうとしています。中国には他国を大きく凌ぐ可能性があります。インドは読み解くべき重要な市場であり，アフリカのサハラ砂漠以南は当社にとって魅力的です。カナダと英国には，米国と同様の事業と強力かつ有能なチームが揃っています。さらに，メキシコに加え中米５か国で事業を展開するウォルマート・デ・メヒコ（ウォルマートの子会社）もあります。これは規模も大きく，当社にとって重要な事業です。」（『*Harvard Business Review*』2018年３月，pp.89-90，カッコ内は引用者注）

　以上のことから，今後のウォルマートは，高所得者とネット通販市場を意識しつつ，米国市場を重要視しながら成長可能性を有する，中国，インド，アフリカ，カナダ，英国，メキシコ，中米５か国の国々により意欲的に取り組んでいくのではないかと推測される。

3　日中韓の経済発展段階と標準化─現地適応化問題

　興味深いことに，ウォルマートは3か国の中で中国（1996年）に先に進出し，その後韓国（1998年），次いで日本（2000年）に進出している。すなわち，ウォルマートは1人当たりGDPが低い順に，換言すれば参入障壁が低い順に参入しているといえる。

　日中韓の3か国は欧米と違い，アジア文化圏であることから，人間が生活していくための基礎となる衣食住などに類似点が多く見られるが，一方で最も大きく異なる点としては各国の経済発展に相違点が見られることである。上記の議論は国際マーケティングの文脈において「国際市場細分化」の要件として度々言及される内容である。国際市場細分化とは，1つの市場において相対的に類似している消費者を何らかの規模でグループ化し，このグループごとにマーケティング諸手段を適応させようとするものである。このことによって，グローバルリテーラーは類似性によって形成されたセグメントごとに有効な国際マーケティング施策を立案することが可能になる。

　本節では，世界全体を欧米とアジアに分け，またアジアを東アジア，南アジア，東南アジア，西アジア，中央アジアの5つに細分化し，東アジアの中でも一番経済発展が著しい日中韓に焦点を当てているのである。さらに日中韓は，それぞれ経済発展の段階が異なり，先述したように1人当たりGDPから見ると，[29]日本は先進国であり，中国は発展途上国から新興産業国（2019年現在）への間の段階または新興産業国の入り口に立っており，韓国は新興産業国から先進国（2019年現在）への間の段階または先進国の入り口に立っているということから，今後の市場予測として中国から韓国へ，韓国から日本へと消費傾向は動きを示すと仮定することができる。

　先述のように日中韓はアジア文化圏であり，欧米とは文化的差異が大きく，かなりかけ離れている。向山・Dawson（2014）は文化的差異が大きい場合には，消費者に直接かかわる活動の適応化の程度は大きくなるが，文化的差異が小さい場合でも適応化は必要であると[30]主張している。すなわち，消費文化の微妙な違いを理解しないと，現地消費者の価値観や趣味嗜好の多様化を満たすための商品やサービスが欠如したり，商品にかかわる現地消費者の詳

細なニーズに合致した価格設定，品質，サイズ，色などを把握できずに，その不適切さに不満を抱かれたりするため，適応化は必要不可欠である。

近年，現地適応化と関連して，Hess（2004）[31]は国際小売の特徴としての溶け込みの概念[32]を提唱し，Coe and Lee（2013）は領域溶け込みの概念を発展させ，韓国のサムソンテスコの成功事例から戦略的現地適応化を主張している[33]。また，Dawson・向山（2014）は，グローバルリテーラーはフォーマットや市場ごとに異なる戦略をとり，それがポートフォリオに表れるとし，その結果グローバル・ポートフォリオ戦略が生まれると指摘している。Dawson（2015）は溶け込みの概念を用いてローカルの経済的・社会的な活性化における小売業の役割を主張している[34]。筆者の立場・見解もこうした観点に大いに賛同の意を示すものである。

そこで，グローバルリテーラーの日中韓参入の成功と失敗要因分析によると，グローバルリテーラーが発展途上国から新興産業国への間の段階または新興産業国の入り口に立っている国へ進出する際は，中国の例からわかるようにカルフールは現地適応化戦略で成功し，ウォルマートは標準化戦略で苦戦していることから，標準化より現地適応化戦略に重点をおいた方が成功率を高める[35]。

また，新興産業国から先進国への間の段階または先進国の入り口に立っている国へ進出する際は，韓国の例からわかるように標準化戦略でカルフールとウォルマートは失敗し，現地適応化戦略で成功した事例がある[36]ことから，現地適応化に重点をおいた方が成功する確率が高くなると考えられる。すなわち，中国や韓国のような未成熟または競合相手が存在していない市場では，現地の消費者ニーズやウォンツが高度かつ複雑ではないために，現地適応化への参入障壁が比較的低く，現地の消費者のニーズに合致した業態開発が比較的容易くできる。

一方で，先進国に参入するグローバルリテーラーは，日本の事例からわかるように先進国は成熟または競合相手が多く存在している市場であることから，参入障壁が高く現地適応化または標準化も非常に難しいのが現状である。消費者は高度なサービスを求めながらも低価格を求めたりしている。特に日本の消費者は質素な生活を送る家庭が多いが，一方で少し高くてもより良い

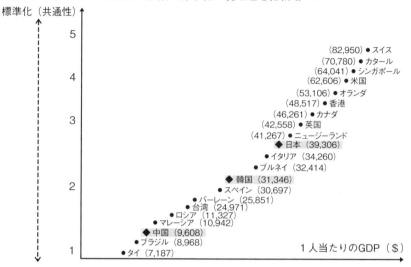

図表9-9　日中韓の経済発展の段階と標準化－現地適応化戦略モデル

標準化（共通性）

5

4　　　　　　　　　　　　　（82,950）● スイス
　　　　　　　　　　　　　（70,780）● カタール
　　　　　　　　　　　　　（64,041）● シンガポール
　　　　　　　　　　　　　（62,606）● 米国
3　　　　　　　　　　　　　（53,106）● オランダ
　　　　　　　　　　　　　（48,517）● 香港
　　　　　　　　　　　　　（46,261）● カナダ
　　　　　　　　　　　　　（42,558）● 英国
　　　　　　　　　　　　　（41,267）● ニュージーランド
　　　　　　　　　　　　　◆ 日本（39,306）
　　　　　　　　　　　　　● イタリア（34,260）
　　　　　　　　　　　　　● ブルネイ（32,414）
2　　　　　　　◆ 韓国（31,346）
　　　　　　　● スペイン（30,697）
　　　　　　● バーレーン（25,851）
　　　　　● 台湾（24,971）
　　　　● ロシア（11,327）
　　　● マレーシア（10,942）
　　◆ 中国（9,608）　　　　　　　　　1人当たりのGDP（$）
　● ブラジル（8,968）
1
● タイ（7,187）

現地適応化（特有性）低 ←－－－－－－－－－　経済発展の段階　－－－－－－－－→ 高

注：①縦軸の1は非常に現地適応化を重視，2はやや現地適応化重視，3は現地適応化と標準化を重
　　　視，4はやや標準化を重視，5は非常に標準化を重視，を示す。
　　②横軸の各国のプロットは，1人当たりのGDPの単位を示す。
出所：グローバルノート・国際統計・国別統計専門サイト（https://www.globalnote.jp/2019年6月
　　　4日にアクセス）を参考に筆者作成。

品質を求める家庭も多い。したがって，消費者のニーズに合致した業態開発
が極めて難しい。そこで現地適応化，あるいは標準化といった二者択一の問
題ではなく，部門ごとに現地適応化または標準化を併用することが肝要であ
る。優先順位としては，グローバルリテーラーは現地消費者の顕在的ニーズ
と潜在的ニーズを把握・理解することによって，その結果現地消費者の生活
に密着した詳細なニーズに応えることだけではなく，ニーズを生み出すこと
もできるため，まずは現地適応化戦略で進めることが妥当であると思われる。
　その後，状況に応じながら段階的に標準化の検討が必要となる。部門ごと
に現地適応化と標準化を併用することが必要であるが，その部門とは具体的
にはまず消費者のニーズをはじめとして，出店戦略，店舗運営（価格，品揃
え，立地，店舗面積，買物様式，ショッピング環境など），取引先との関係な
どが挙げられる。以上の議論を含め，日中韓の経済発展の段階と標準化―現

地適応化戦略をモデル化すると，図表9-9のとおりである。

〈演習問題〉

(1)　あなたが好きなグローバル企業を1社取り上げ，その企業の売上高の推移と成長戦略について考えてみよう。

(2)　あなたが好きなグローバル企業を1社取り上げ，その企業が海外市場に進出する際にどのような方法で参入したかを考えてみよう。

(3)　標準化戦略と現地適応化戦略の長所と短所を考えてみよう。

*　本研究は，専修大学研究助成・個別研究，平成27年度「グローバル・リテーラーの成功要因と失敗要因：消費者行動の視点にて」ならびに平成29年度「ウォルマートの挑戦：消費者行動の視点にて」の研究成果の一部である。記して感謝申し上げる。

〈注〉

1)　*Wal-mart Annual Report 2018.*

2)　グローバルノート・国際統計・国別統計専門サイト（https://www.globalnote.jp/ 2019年6月1日にアクセス）。

3)　Walton, Sam（1992）*Made in America: My Story*, Bantam Books.（渥美俊一・桜井多恵子監訳（2002）『私のウォルマート商法』講談社＋α文庫, pp.384-390）

4)　http://fortune.com/global500/ 2019年6月1日にアクセス。

5)　Global Powers of Retailing 2019（https://www2.deloitte.com/content/dam/Deloitte/global/Documents/Consumer-Business/cons-global-powers-retailing-2019.pdf. 2019年6月1日にアクセス）

6)　Bergdahl, M.（2004）*What I Learned from Sam Walton: How to Compete and Thrive in a Wal-Mart World*, Wiley & Sons, Inc., pp.34-35.

7)　金成洙（2013b）「消費者行動とサービス」黒田重雄・金成洙編著『わかりやすい消費者行動論』白桃書房, pp.76-96。

8)　渦原実男（2012）「米国ウォルマートの経営戦略転換」『小売マーケティングとイノベーション』同文舘出版, p.155。田口冬樹（2016）『流通イノベーションへの挑戦』白桃書房, p.171。矢作敏行（2015）「商いの精神と「仕組み」革新（2）：企業文化の機能・逆機能—ウォルマートとIBM—」『経営志林』法政大学経営学会, 第52巻2号, p.13。

9）溝上幸伸（2002）『ウォルマート方式』パル出版，pp.122-134。

10）Walton, S. (1992) *Ibid.*（渥美俊一・桜井多恵子監訳（2002）前掲書，p.193）

11）同上訳書，pp.300-301。

12）佐々木享（2003）「小売業における価値創造―ウォルマート―」『名商大論集』Vol.47，No.2, pp.166-167。田口冬樹（2005）「ウォルマートの経営戦略：成長のプロセスと競争優位の源泉について」『専修経営学論集』専修大学経営学会，81，p.16。

13）三谷宏治（2014）『ビジネスモデル全史』ディスカバー，p.138。

14）Nguyen, T. T. H. (2017) "Wal-Mart's successfully integrated supply chain and the necessity of establishing the Triple-A supply chain in the 21st century," *Journal of Economics & Management*, 29 (3)，p.104.

15）佐々木享（2003）前掲書，p.167。

16）田口冬樹（2016）前掲書，p.185。

17）白石善章（2010）「ウォルマート社のマーケティング」薄井和夫編者『海外企業のマーケティング』マーケティング研究会，同文舘出版，p.81。

18）田口冬樹（2005）前掲論文，pp28-33。

19）ウォルマートの国内ストア（ディスカウントストア，サムズクラブ，スーパーセンター，ネイバーフッド・マーケット）とウォルマートの国外ストアの売場面積は，*Wal-Mart Annual Report 2018*，pp.8-13，を参照した。

20）*Wal-mart Annual Report 2008～2018.*

21）『日経MJ』2014年11月24日付け。

22）2018年の名目GDP（単位：10億USドル）は，中国が13,407で，日本は4,971であり，韓国は1,619である。グローバルノート・国際統計・国別統計専門サイト 統計データ配信（https://www.globalnote.jp/post-1409.html/ 2019年6月2日にアクセス）。

23）金成洙（2015）「グローバルリテーラーの東アジアへの成功要因と失敗要因：経済発展の段階と適応化―標準化戦略を中心に」『専修大学社会科学研究所月報』No.628, pp.1-17。黄磷（2009）「中国市場における小売国際化―日米欧小売企業の事業展開―」『小売企業の国際展開』中央経済社，pp.91-121。

24）*Wal-mart Annual Report 2018.*

25）金成洙・盧根靜（2007）「大手外資系小売業の日・韓進出の比較―成功要因と失敗要因―」『専修大学北海道短期大学紀要』第40号，pp.1-23。

26）JETRO（2004）『対日進出のためのガイドブック（流通・小売り・飲食店編）』JETRO，p.79。

27）金成洙（2015），前掲論文，p.9。

28）グローバルリテーラーの撤退について様々な議論が行われている。グローバルリテー

ラーの撤退は戦略的かつ前向きに行われた撤退（例えば，2015年10月22日にテスコの韓国撤退）も存在するが，ウォルマートとカルフールの韓国撤退，カルフールの日本撤退は紛れもなく売上（成果）不振による徹底であり，グローバルリテーラーの失敗であるといえよう。金成洙・盧垠靜（2007）前掲論文，pp.1-23。金成洙（2009a）「韓国におけるグローバルリテーラーの成功要因と失敗要因」『専修大学北海道短期大学紀要』第42号，pp.1-21。金成洙（2009b）「グローバル・マーケティング」宮澤永光編著『現代マーケティング』ナカニシヤ出版，pp.208-227。

29）グローバルノート・国際統計・国別統計専門サイト（https://www.globalnote.jp/ 2019年6月4日にアクセス）を参考に筆者作成。

30）向山雅夫・Dawson, J.（2014）「フォーマットとフォーミュラによる国際戦略の構築」向山雅夫・J. Dawson『グローバル・ポートフォリオ戦略』千倉書房，pp.41-66。

31）Hess, M.（2004）"Spatial Relationships?: Towards a Reconceptualization of Embeddedness," *Progress in Human Geography*, 28（2），pp.165-186.

32）溶け込み（embedding）の概念は，Granovetter（1985）の研究とBlock and Somers（2014）によってレビューされている。詳しくは以下を参照されたい。Dawson, J.（2015）"Retailers as Agents in Local Economic and Social Revitalization: Applying the Concept of Embeddedness," 2015年度日本流通学会全国大会統一論大シンポジウム特別講演1, paper, pp.22-28. Dawson, J.・向山雅夫（2014）前掲論文，pp.41-66。

33）Coe, N. N., and Y.-S. Lee（2013）"We've Learnt How to be Local: The Deepening Territorial Embeddedness of Samsung-Tesco in South Korea," *Journal of Economic Geography*, 13（2），pp.327-356.

34）Dawson, J.・向山雅夫（2014）「小売国際化研究の将来方向」向山雅夫・J. Dawson『グローバル・ポートフォリオ戦略』千倉書房，pp.315-331。Dawson, J.（2015）前掲論文，pp.22-28.

35）カルフールは，中国市場で成功した外資系小売企業であるという。黄磷（2003）「カルフールの中国大陸での戦略展開」『Kobe University』ディスカッション・ペーパーpp.1-8。（https://www.b.kobe-u.ac.jp/papers_files/2003_19.pdf#search/ 2019年7月8日にアクセス）。渡辺達朗（2012）「中国におけるハイパーマーケットの競争構造～事例調査と消費者調査に基づく組織能力の分析～」『マーケティングジャーナル』Vol.32, No.1, pp.38-56。しかし近年のカルフールは，フランスと中国の国民感情が悪化したこと，中国景気の低迷，そしてネット通販の台頭などのせいで事業は低迷し，2019年に中国家電量販大手の蘇寧がカルフールの中国事業を買収すると発表した。『日経MJ』2019年7月1日付け。

36）金成洙・盧垠靜（2007）前掲論文，pp.1-23。

参考文献

〈初出の一覧〉

第Ⅰ部　基礎編
第1章　消費者行動とは　「書き下ろし」
第2章　「消費者行動と文化」黒田重雄・金成洙編著『わかりやすい消費者行動論』白桃書房，2013年の一部を引用
第3章　消費者の購買意思決定プロセス「書き下ろし」

第Ⅱ部　応用理論編
第4章　消費者行動と認知的行動「書き下ろし」
第5章　消費者行動と態度「書き下ろし」
第6章　「消費者行動研究における関与研究について」専修大学社会科学研究所『専修大学社会科学研究所月報』2014年を修正・加筆
第7章　「消費者行動とサービス」黒田重雄・金成洙編著『わかりやすい消費者行動論』白桃書房，2013年を大幅に書き直している

第Ⅲ部　事例編
第8章　「消費者行動と文化」黒田重雄・金成洙編著『わかりやすい消費者行動論』白桃書房，2013年を大幅に書き直している
第9章　「グローバルリテーラーの東アジアへの成功要因と失敗要因：経済発展の段階と適応化—標準化戦略を中心に」専修大学社会科学研究所『専修大学社会科学研究所月報』2015年，および「ウォルマートの成長戦略と影」専修大学経営学会『専修経営学論集』2018年を修正・加筆

〈参考文献の一覧〉

「英語文献」

Aaker, D. A. （1996）*Building Strong Brands*, The Free Press. （陶山計介他訳（1997）『ブランド優位の戦略』ダイヤモンド社）

Alexander, Ralph S. （1960）*Marketing Definitions: A Glossary of Marketing Terms*,

Committee on Definitions of the American Marketing Association.

Assael, Henry (2004) *Consumer Behavior: A Strategic Approach*, Houghton Mifflin Company.

Bartlett, F. C. (1932) *Remembering*, Cambridge University Press.

Bergdahl, M. (2004) *What I Learned from Sam Walton: How to Compete and Thrive in a Wal-Mart World*, Wiley & Sons, Inc.

Bettman, K. J. (1979) *An Information Processing Approach of Consumer Choice*, Addison-Wesley.

Bloch, Peter H. (1986) "The Product Enthusiast: Implications for Marketing Strategy," *Journal of Consumer Marketing*, 3 (3) (Summer).

Block, F., and Margaret R. Somers (2014) *The Power of Market Fundamentalism: Karl Polanyi's Critique*, Cambridge, MA: Harvard University Press.

Booms, B. H., and M. J. Bitner (1981) "Marketing Strategies and Organization Structures for Service Firms," in J. Donnelly and W. R. George (eds.), *Marketing of Services*, American Marketing Association.

Burger, J. M. (1986) "Increasing Compliance by Improving the Deal: The That's-not-all Technique," *Journal of Personality and Social Psychology*, 51 (2).

Burger, J. M., and Petty, R. E. (1981) "The Low-ball Compliance Technique: Task or Person Commitment?," *Journal of Personality and Social Psychology*, 40 (3).

Cardozo, R. N. (1965) "An Experimental Study of Customer Effort, Expectation, and Satisfaction," *Journal of Marketing Research*, 2 (3).

Coe, N. N., and Y.-S. Lee (2013) "We've Learnt How to be Local: The Deepening Territorial Embeddedness of Samsung-Tesco in South Korea," *Journal of Economic Geography*, 13 (2).

Constantin, James A., and Robert F. Lusch (1994) *Understanding Resource Management: How to Deploy Your People, Products and Processes for Maximum Productivity*, The Planning Forum.

Dabholkar, P. A., D. I. Thorpe, and J.O. Rentz (1996) "A Measure of Service Quality for Retail Stores: Scale Development and Validation," *Journal of the Academy of Marketing Science*, 24 (1).

Dawson, J. (2015) "Retailers as Agents in Local Economic and Social Revitalization: Applying the Concept of Embeddedness," *Working paper*.

Donnelly J. A., and W. R. George (eds.) (1981) *Marketing of Services*, American Marketing Association.

Drucker, P. F. (1974) *Management: Tasks, Responsibilities*, Practices, Butterworth-Heineman. (上田惇生訳 (2001)『マネジメント—基本と原理』ダイヤモンド社)

Engel, J.F., D. T. Kollat, and R. D. Blackwell (1968) *Consumer behavior*, Holt, Rinehart and Winston.

Engel, J.F., R. D. Blackwell, and P. W. Miniard (1990) *Consumer Behavior*, 6th ed., Dryden Press.

Featherstone, M. (1991) *Consumer Culture & Postmodernism*, SAGE Pub. (池田緑訳 (2003)「消費文化の諸理論」川崎賢一・小川葉子編著訳『消費文化とポストモダニズム　上巻』恒星社厚生閣)

Festinger, L. A. (1957) *Theory of Cognitive Dissonance*, Stanford University Press. (末永俊郎監訳 (1965)『認知的不協和の理論—社会心理学序説—』誠信書房)

Fishbein, Martin (1967), *Readings in attitude theory and measurement*, John Wiley & Son, Inc, pp.389-400.

Fisk, Raymond P., Stephen J. Grove, and Joby John (2004) *Interactive Services Marketing*, 2nd ed., Houghton Miffliin Company. (小川孔輔・戸谷圭子監訳 (2009)『サービス・マーケティング入門』法政大学出版局)

Goff, B. G., J. S. Boles, D. N. Bellenger, and C. Stojack (1997) "The Influence of Salesperson Selling Behaviors on Customer Satisfaction with Products," *Journal of Retailing*, 73 (2).

Granovetter, M (1985) Economic action and social structure: The problem of embeddedness. *American Journal of Sociology*, 91.

Heider, F. (1958) *The psychology of interpersonal relations*, New York: John Wiley & Sons.

Hess, M. (2004) "Spatial Relationships?: Towards a Reconceptualization of Embeddedness," Progress in *Human Geography*, 28 (2).

Howard, J. A., and J. N. Sheth (1969) *The Theory of Buyer Behavior*, John Wiley & Sons, Inc.

Hoyer, Wayne D., Deborah J. Maclnnis, and Rik Pieters (2018) *Consumer Behavior*, 7th ed., Cengage.

Katz, Daniel (1960) "The Functional Approach to the Study of Attitudes," *Public Opinion Quarterly*, 24 (2).

Keller, K. L. (1998) *Strategic Brand Management: Building, Measuring, and Managing Brand Equity*, Prentice Hall. (恩蔵直人・亀井昭宏訳 (2000)『戦略的ブランド・マネジメント』ダイヤモンド社)

Kotler, P., and Gary Armstrong (1996) *Principles of Marketing*, 7th ed., Prentice Hall, Inc.

Kotler, Philip, and Gart Armstrong (1997) *Marketing: Introduction*, 4th ed., Prentice Hall.

（恩藏直人監修・月谷真紀訳（1999）『コトラーのマーケティング入門　第4版』ピアソン・エデュケーション）

Kotler, P.（2000）*Marketing Management: Millennium Edition*, Prentice Hall, Inc.（恩藏直人監訳・月谷真紀訳（2001）『コトラーのマーケティング・マネジメント　ミレニアム版（第10版）』ピアソン・エデュケーション）

Kotler, P.（2001）*A Framework for Marketing Management*, Prentice Hall, Inc.（恩藏直人監修・月谷真紀訳（2004）『コトラーのマーケティング・マネジメント』ピアソン・エデュケーション）

Kotler, P.（2003）*Marketing Management*, 11th ed., Prentice Hall.

Kotler, P., and Kevin Lane Keller（2016）*Marketing Management*, Global Edition, Pearson.

Krugman, H. E.（1965）"The Impact of Televising Advertising: Learning Without Involvement," *Public Opinion Quarterly*, 29（3）.

Laaksonen, P.（1994）*Consumer Involvement: Concept and Research*, Routledge.（池尾恭一・青木幸弘監訳（1998）『消費者関与—概念と調査』千倉書房）

Lawson, R.（2002）"Consumer Knowledge Structures: Background Issues and Introduction," *Psychology and Marketing*, 19（6）.

Lauterborn, Robert（1990）"New Marketing Litany: 4Ps Passe; C-Words Take Over," *Advertising Age*, October 1.

Lecinski, Jim（2011）"ZMOT Winning the Zero Moment of Truth," Google, *Working paper*.

Levitt, T.（1983）"The Globalization of Market," *Harvard Business Review*, May-June.

Lovelock, Christopher, and Lauren Wright（1999）*Principles of Service Marketing and Management*, Prentice Hall, Inc.（小宮路雅博監訳, 高畑泰・藤井大拙訳（2002）『サービス・マーケティング原理』白桃書房）

Lovelock, Christopher, and Jochen Wirtz（2007）*Service Marketing: People, Technology, Strategy*, 6th ed., Peason Education.（白井義男監修・武田玲子訳（2008）『ラブロック＆ウィルツのサービス・マーケティング』ピアソン・エデュケーション）

Maslow, A. H.（1954）*Motivation and Personality*, Harper & Row.

McCarthy, E. Jerome（1960）*Basic Marketing: A Managerial Approach,* Homewood, IL: Irwin.

Michaelidou, Nina, and Sally Dibb（2006）"Product Involvement: An Application in Clothing," *Journal of Consumer Behavior*, 5（5）.

Miller, G. A.（1956）"The magical number seven", plus or minus two: Some limits on our capacity for processing information, *Psychological Review*, 63, pp.81-97.（高田洋一郎訳（1972）「不思議な数"7", プラス・マイナス2—人間の情報処理容量のある種の限界」

『心理学への情報科学的アプローチ』培風館, pp.13-14）

Mothersbaugh, David L., and Del I. Hawkins (2016) *Consumer Behavior: Building Marketing Strategy*, 13th ed., McGraw Hill.

Nguyen, T. T. H. (2017) "Wal-Mart's successfully integrated supply chain and the necessity of establishing the Triple-A supply chain in the 21st century," *Journal of Economics & Management*, 29(3).

Nicosia, F. M. (1966) *consumer decisin Process, Marketing and Advertising Implications*, Prentice Hall.

Oliver, R. L. (1980) "A Cognitive Model of the Antecedents and Consequences of Satisfaction Decisions," *Journal of Marketing Research*, 17(4).

Parasuraman, A., V. A. Zeithaml, and L. L. Berry (1985) "A Conceptual Model of Service Quality and Its Implications for Future Research," *Journal of Marketing*, 49(4).

Parasuraman, A., V. A. Zeithaml, and L. L. Berry (1988) "SERVQUAL : A Multiple-Item Scale for Measuring Consumer Perceptions of Service Quality," *Journal of Retailing*, 64(1).

Parasuraman, A., V. A. Zeithaml, and Arvind Malhotra (2005) "E-S-QUAL: A Multiple-Item Scale for Assessing Electronic Service Quality," *Journal of Service Research*, 7(3).

Pavlov, I. P. (1902) *The work of the Digestive Glands* 1st Ed., pp.148-163, translated by W. H. Thompson, Charles Griffin & Co., London.

Peterson, L. R., and Peterson, M. J. (1959) "Short Term Retention of Individual Verbal Items," *Journal of Experimental Psychology*, 58.

Petty, R. E., and J. T. Cacioppo (1986) "The Elaboration Likelihood Model of Persuasion," in L. Berkowitz (ed.), *Advances in Experimental Social Psychology*, 19.

Peter, J. P., and J. C. Olson (2005) *Consumer Behavior and Marketing Strategy*, 7th ed., Irwin/McGraw-Hill.

Peter, j. p. and J. C. Olson (2010), *Consumer Behavior and Marketing Strategy*, 9th ed.,

Schank, R., & R. Abelson (1977) *Scripts, plans, goals and understanding: An Inquiry into Human Knowledge Structures*. Hillsdale, NJ: Lawrence Erlbaum.

Schiffman, L., D. Bednall, A. O' Cass, A. Paladino, S. Ward, and AL. Kanuk (2008) *Consumer Behavior*, 4th ed., Pearson Education Australia, pp.203-209.

Schiffman, Leon G., and Joseph L. Wisenblit (2015) *Consumer Behavior*, 11th ed., Pearson Education Limited.

Shiffrin, R. M. and R. C. Atkinson (1969) Storage and retrieval processes in long-term memory. *Psychological Review*, 76, pp.179-193.

Sherif, M., and Cantril, H. (1947) *The Psychology of Ego-involvements: Social Attitudes and Identifications*, John Wiley and Sons.

Solomon, M. R. (2011) *Consumer Behavior: Buying, Having, and Being, Global Edition* 9th ed., Prentice Hall.

Shostack, G. L. (1977) "Braking Free from Product Marketing," *Journal of Marketing*, 41.

Tulving, E. (1983) *The Elements of Episodic Memory*, Oxford University Press.（太田信夫訳（1985）『タルヴィングの記憶理論』教育出版）

Vargo, Stephen L., and Robert F. Lusch (2004) "Evolving to a New Dominant Logic for Marketing," *Journal of Marketing*, 68 (January).

Vargo, Stephen L., and Robert F. Lusch (2006) "Service-Dominant Logic: What it is, what it is not, what it might be," in Lusch, Robert F., and Stephen L. Vargo (eds.), *The Service-Dominant Logic of Marketing: Dialog, Debate, and Directions*, M. E. Sharpe.

Vargo, Stephen L., Paul P. Maglio, and Melissa Archpru Akaka (2008) "On Value and Value Co-Creation: A Service Systems and Service Logic Perspective," *European Management Journal*, 26 (3).

Walton, Sam (1992) *Made in America: My Story*, Bantam Books.（渥美俊一・桜井多恵子監訳（2002）『私のウォルマート商法』講談社＋α文庫）

Wal-mart Annual Report 1996～2018.

Watson, J. B. (1913) Psychology as the bihaviorist Views it, *Psychological Review*, Vol.20, pp.158-177.（安田一郎訳（2017）『行動主義の心理学』ちとせプレス）

Nataly Lelly (2012) "McDonald's Local Strategy, from El Mcpollo to Le Mcwrap Chevre," paper.（https://hbr.org/2012/10/mcdonalds-local-strategy-from, 2019年7月6日アクセス）

http://fortune.com/global500/ 2019年6月1日アクセス

Global Powers of Retailing 2019（https://www2.deloitte.com/content/dam/Deloitte/ global/ Documents/Consumer-Business/cons-global-powers-retailing-2019.pdf. 2019年6月1日アクセス）

「日本語文献」

青木幸弘（1989）「消費者関与の概念的整理—階層性と多様性の問題を中心として」『商学論究』第37巻1・2・3・4号合併号。

青木幸弘（2010a）「知識構造と関与水準の分析」池尾恭一・青木幸弘・南知恵子・井上哲浩

編著『マーケティング』有斐閣。

青木幸弘（2010b）「購買行動と意思決定プロセスの分析」池尾恭一・青木幸弘・南千恵子・井上哲浩編著『マーケティング』有斐閣。

青木幸弘（2010c）『消費者行動の知識』日本経済新聞社。

青木幸弘・新倉貴士・佐々木壮太郎・松下光司（2012）『消費者行動論—マーケティングとブランド構築への応用』有斐閣アルマ。

秋山隆平・杉山恒太郎（2004）『ホリスティック・コミュニケーション』宣伝会議新社。

浅井慶三郎（2003）『サービスとマーケティング管理　増補版』同文舘出版。

阿部周造（1984）「消費者情報処理理論」中西正雄編著『消費者行動分析のニュー・フロンティア—多属性分析を中心に—』誠文堂新光社。

阿部周造（2013）『消費者行動研究と方法』千倉書房。

石井淳蔵・栗木契・嶋口充輝・余田拓郎（2004）『ゼミナールマーケティング入門』日本経済新聞社。

井上崇通（2018）『消費者行動論［第2版］』同文舘出版。

今井四郎・大黒静治編著（1991）『心理学入門』アカデミア。

渦原実男（2012）「米国ウォルマートの経営戦略転換」『小売マーケティングとイノベーション』同文舘出版。

遠藤雄一（2019）『流通システムとサプライチェーン・マネジメント』同文舘出版。

大藪亮（2015）「サービス・ドミナント・ロジックと価値共創」村松潤一編著『共創価値とマーケティング論』同文舘出版。

黄磷（2003）「カルフールの中国大陸での戦略展開」『Kobe University』ディスカッション・ペーパー。

黄磷（2009）「中国市場における小売国際化—日米欧小売企業の事業展開—」『小売企業の国際展開』中央経済社。

奥本勝彦・林田博光編著（2004）『マーケティング概論』中央大学出版部。

小田利勝（2012）『ウルトラ・ビギナーのためのSPSSによる統計解析入門』プレアデス出版。

鹿取廣人・杉本敏夫・鳥居修晃（2019）『心理学』東京大学出版会。

加藤敏文編著（2007）『環境・共生型タウンマネジメント』学文社。

金成洙（2005）「マーケティングの新しい優位な論理の展開—サービス・マーケティングのパラダイムシフトと新しい7C's—」『専修大学北海道短期大学紀要』第38号，12月。

金成洙（2006）「サービス・マーケティングからみた医療業界の意思決定モデル（7C's）」『日本商業施設学会誌 第5回論集』。

金成洙（2009a）「韓国におけるグローバルリテーラーの成功要因と失敗要因」『専修大学北海道短期大学紀要』第42号。

金成洙（2009b）「グローバル・マーケティング」宮澤永光・城田吉孝・江尻行男編著『現代マーケティング』ナカニシヤ出版。

金成洙（2010）「サービス・マーケティングとサービス品質に関する実証研究―韓国のEマートの事例研究―」『北海学園大学経営学部経営論集』北海学園大学，7巻4号。

金成洙（2012）「消費者行動と文化の影響：韓流について」『専修マネジメント・ジャーナル』専修大学経営研究所，Vol.1 Nos.1&2（創刊記念号）。

金成洙（2013）「小売業における環境配慮サービス品質に関する研究1―イオンの事例研究―」『専修マネジメント・ジャーナル』専修大学経営研究所，Vol.3 No.2，pp.1-11。

金成洙（2013a）「消費者購買行動とブランド構築―情報処理プロセスを中心に―」『商店街研究』日本商店街学会会報，No.25。

金成洙（2013b）「消費者行動とサービス」黒田重雄・金成洙編著『わかりやすい消費者行動論』白桃書房。

金成洙（2013c）「消費者行動と文化」黒田重雄・金成洙編著『わかりやすい消費者行動論』白桃書房，pp.153-154。

金成洙（2014）「小売業における環境配慮サービス品質に関する研究2―イオンの事例研究―」『専修マネジメント・ジャーナル』専修大学経営研究所，Vol.4 No.2，pp.1-11。

金成洙（2014）「消費者行動研究における関与研究について」『専修大学社会科学研究所月報』専修大学社会科学研究所，616。

金成洙（2015）「グローバルリテーラーの東アジアへの成功要因と失敗要因：経済発展の段階と適応化―標準化戦略を中心に」『専修大学社会科学研究所月報』No. 628。

金成洙（2018）「ウォルマートの成長戦略と影」専修大学経営学会『専修経営学論集』第106号。

金成洙・盧垠靜（2007）「大手外資系小売業の日・韓進出の比較―成功要因と失敗要因―」『専修大学北海道短期大学紀要』第40号。

金賢美（2008）「韓国の［韓流］現象」石田佐恵子・木村幹・山中千恵編著『ポスト韓流のメディア社会学』ミネルヴァ書房。

権容奭（2010）『「韓流」と「日流」』NHKブックス。

木村幹（2008）「ブームは何を残したか―ナショナリズムの中の韓流―」石田佐恵子・木村幹・山中千恵編著『ポスト韓流のメディア社会学』ミネルヴァ書房。

黒田重雄・金成洙編著（2013）『わかりやすい消費者行動論』白桃書房。

グローバルノート・国際統計・国別統計専門サイト（https://www.globalnote.jp/）

佐々木享（2003）「小売業における価値創造―ウォルマート―」『名商大論集』Vol.47，No.2。

佐藤尚之（2011）『明日のコミュニケーション「関与する生活者」に愛される方法』アスキー・メディアワークス。

佐藤芳彰（2018）『流通システムと小売経営　改訂版』千倉書房。

嶋口充輝（1997）『顧客満足型マーケティングの構図』有斐閣。

白石善章（2010）「ウォルマート社のマーケティング」薄井和夫編者『海外企業のマーケティング』マーケティング研究会，同文舘出版。

新村出編著（2018）『広辞苑　第七版』岩波書店。

杉本哲夫編著（2012）『新・消費者理解のための心理学』福村出版。

JETRO（2004）『対日進出のためのガイドブック（流通・小売り・飲食店編）』JETRO。

総務省『家計調査』（https://www.stat.go.jp/data/kakei/sokuhou/tsuki/index.html/）

総務省統計局（http://www.stat.go.jp/data/kokusei/2015/kekka/kihon2/pdf/gaiyou.pdf）

第一生命経済研究所（2005）「けいざい・かわら版―「冬ソナ」ブームの経済効果―」2月号（group.dai-ichi-life.co.jp/dlri/monthly/pdf/0502_8.pdf. 2019年12月25日にアクセス）

田口冬樹（2005）「ウォルマートの経営戦略：成長のプロセスと競争優位の源泉について」『専修経営学論集』専修大学経営学会，（81）。

田口冬樹（2016）『流通イノベーションへの挑戦』白桃書房，p.171。

田口冬樹（2017）『マーケティング・マインドとイノベーション』白桃書房。

田中洋（2010）『消費者行動論体系』中央経済社。

丹野義彦（2005）「ストレスとメンタルヘルス」長谷川寿一・東條正城・大島尚士・丹野義彦編著『心理学』有斐閣アルマ。

電通（http://www.dentsu.co.jp/news/release/pdf-cms/2011009-0131.pdf#）。

電通報（https://dentsu-ho.com/articles/3447/）。

鄭榮蘭（2014）「日本における「韓国文化受容」と今後の課題―放送・映画部門での「韓流」受容の過程を中心として―」『日本国際情報学会誌』11巻1号。

TOTO"朝シャン"ブームを牽引した洗髪洗面化粧台『シャンプードレッサー』発売30周年（https://jp.toto.com/company/press/2015/08/pdf/）。

日本マーケティング協会編（2001）『マーケティング・ベーシックス〈第二版〉』同文舘出版。

沼上幹（2003）『わかりやすいマーケティング戦略』有斐閣アルマ。

長谷川寿一・東條正城・大島尚・丹野義彦（2005）『はじめて出会う心理学』有斐閣アルマ。

『Harvard Business Review』2018年3月。

林夏生（2005）「大衆文化交流から見る現代日韓関係」小此木正雄・張達重編『戦後日韓関係の展開』日韓共同研究叢書14, 慶応義塾大学出版会。

平久保伸人（2009）『消費者行動論』ダイヤモンド社。

平田由紀江（2008）「韓流とその愛のあと―韓国を消費する女性とその表象をめぐって―」石田佐恵子・木村幹・山中千恵編著『ポスト韓流のメディア社会学』ミネルヴァ書房。

黄盛彬（2008）「韓流の底力, その言説」石田佐恵子・木村幹・山中千恵編著『ポスト韓流の

メディア社会学』ミネルヴァ書房。

平凡社編（2007）『改訂新版 世界大百科事典』平凡社，8号，25号。

堀啓造（1991）「消費者行動研究における関与尺度の問題」『香川大学経済論叢』63（4）。

牧田幸裕（2017）『デジタルマーケティング』東洋経済新報社。

みずほコーポレート銀行産業調査部（2012）「高齢者向け市場〜来るべき「2025年」に向けての取り組みが求められる〜」『特集：日本産業の中期展望−日本産業が輝きを取り戻すための有望分野を探る−』産業調査部，Vol.39，No.2。

溝上幸伸（2002）『ウォルマート方式』パル出版。

三谷宏治（2014）『ビジネスモデル全史』ディスカバー。

三宅隆之（1999）『現代マーケティング概論』同文舘。

目黒良門（2018）『東南アジア市場参入のための流通戦略 同質化する海外市場とバリュー創出』白桃書房。

向山雅夫・Dawson, J.（2014）『グローバル・ポートフォリオ戦略』千倉書房。

村上和弘（2008）「インターネットの中のつしま―ある「嫌韓現象をめぐって」―」石田佐恵子・木村幹・山中千恵編著『ポスト韓流のメディア社会学』ミネルヴァ書房。

守口剛・竹村和久編著（2013）『消費者行動論』八千代出版。

宿らん調査員の評価基準チェックシート（https://www.yadoran.jp/investigator/checklist）。

矢作敏行（2015）「商いの精神と「仕組み」革新（2）：企業文化の機能・逆機能―ウォルマートとIBM―」『経営志林』法政大学経営学会，第52巻2号。

渡辺達朗（2012）「中国におけるハイパーマーケットの競争構造〜事例調査と消費者調査に基づく組織能力の分析〜」『マーケティングジャーナル』Vol.32，No.1。

和田充夫（1984）「マーケティング戦略の構築とインヴォルブメント概念」『慶応経営論集』5（3）。

『東洋経済ONLINE』，『日経エンターテイメント』，『Newsweek「日本語版」』，『Goo国語辞書』，『日経MJ』は，本文中に引用元を記載してある。

〈『消費者行動論』をさらに学習と研究したい人のための参考文献〉

■英語（邦訳）文献

Chaudhuri, A. (2006) *Emotion and Reason in Consumer Behavior*, Elsevier Inc.（恩蔵直人・平木いくみ・井上敦子・石田大典訳（2007）『感情マーケティング—感情と理性の消費者行動—』千倉書房）

Featherstone, M. (1991) *Consumer Culture & Postmodernism*, SAGE Pub.（川崎賢一・小川葉子編訳（1999, 2003）『消費文化とポストモダニズム　上巻』（上・下）恒星社厚生閣）

Laaksonen, P. (1994) *Consumer Involvement: Concept and Research*, Routledge.（池尾恭一・青木幸弘監訳（1998）『消費者関与—概念と調査』千倉書房）

Solomon, M. R. (2013) *Consumer Behavior*, 10th ed., Pearson Education.（松井剛監訳（2014）『ソロモン消費者行動論』丸善出版）

Samli, A. Coskun (1995) *International Consumer Behavior:Its Impact on Marketing Strategy Development*, Quorum Books.（阿部真也・山本久義訳（2010）『国際的消費者行動論』九州大学出版会）

■日本語文献（主に2000年以降に刊行された書籍を対象とする）

青木幸弘（2010c）『消費者行動の知識』日本経済新聞社。

青木幸弘・新倉貴士・佐々木壮太郎・松下光司（2012）『消費者行動論—マーケティングとブランド構築への応用』有斐閣アルマ。

阿部周造（2013）『消費者行動研究と方法』千倉書房。

石淵順也（2019）『買物行動と感情—「人」らしさの復権』有斐閣。

井上崇通（2018）『消費者行動論［第2版］』同文舘出版。

小川孔輔監修・木戸茂著（2014）『消費者行動のモデル（シリーズ。マーケティング・エンジニアリング）』朝倉書房。

鹿取廣人・杉本敏夫・鳥居修晃（2019）『心理学』東京大学出版会。

黒田重雄・金成洙編著（2013）『わかりやすい消費者行動論』白桃書房。

斎藤嘉一（2015）『ネットワークと消費者行動』千倉書房。

佐藤尚之（2011）『明日のコミュニケーション「関与する生活者」に愛される方法』アスキー・メディアワークス。

清水聰（2006）『戦略的消費者行動論』千倉書房。

澁谷覚（2013）『類似性の構造と判断—他社との比較が消費者行動を変える』有斐閣。

白井美由里（2005）『消費者の価格判断のメカニズム—内的参照価格の役割』千倉書房。

杉本哲夫編著（2012）『新・消費者理解のための心理学』福村出版。

須永努（2010）『消費者の意思決定プロセス―環境変化への適応と動態性の解明』青山社。

須永努（2018）『消費者理解に基づくマーケティング―感覚マーケティングと消費者情報消化モデル―』有斐閣。

田中洋（2010）『消費者行動論体系』中央経済社。

田中洋（2015）『消費者行動論　ベーシック＋』中央経済社。

田村正紀（2006）『バリュー消費』日本経済新聞社。

新倉貴士（2006）『消費者の認知世界』千倉書房。

長谷川寿一・東條正城・大島尚・丹野義彦（2005）『はじめて出会う心理学』有斐閣アルマ。

平久保仲人（2009）『消費者行動論』ダイヤモンド社。

牧野圭子（2015）『消費の美学』勁草書房。

松井剛（2013）『ことばとマーケティング―「癒し」ブームの消費社会史　碩学叢書』碩学舎。

守口剛・竹村和久編著（2013）『消費者行動論』八千代出版。

守口剛・上田雅夫・奥瀬喜之・鶴見裕之編著（2019）『消費者行動の実証研究』中央経済社。

山田一成（2019）『消費者心理学』勁草書房。

索 引

は行

■著者略歴

金　成洙 （きむ　そんす）

現在　専修大学経営学部・大学院経営学研究科教授　博士（経営学）。
専修大学大学院経営学研究科博士課程修了。
米国テキサス大学（University of Texas），ソウル大学（Seoul National University）客員
研究員。
これまで専修大学経営学部助手，専修大学北海道短期大学　商経社会総合学科専任講師，助
教授を経て，現職。
この間，札幌大学経営学部，日本大学商学部などで非常勤講師を担当。
主要著作に，『日・韓卸売構造の変化に関する研究』（専修大学出版局，単著），『基本マー
ケティング　用語辞典［新版］』（白桃書房，共著），『現代マーケティング：その基礎と展
開』（ナカニシヤ出版，共著），『わかりやすい消費者行動論』（白桃書房，共編著）など多
数。

■ 消費者行動論 —モノからコト・トキ消費へ—

■ 発行日──2020 年 3 月 16 日　初版発行　　　　　　　　〈検印省略〉
　　　　　2024 年 5 月 16 日　初版第 3 刷発行

■ 著　者──金　成洙

■ 発行者──大矢栄一郎

■ 発行所──株式会社　白桃書房

　　　　　〒101-0021　東京都千代田区外神田5-1-15
　　　　　☎03-3836-4781　📠03-3836-9370　振替00100-4-20192
　　　　　https://www.hakutou.co.jp/

■ 印刷・製本──藤原印刷

　　　©KIM, Sungsu　2020 Printed in Japan　ISBN 978-4-561-65232-8 C3063